Kraftort Wald

Christine Bierschenk

KRAFTORT WALD

Mit meditativen Hörspaziergängen auf CD

Mit Musik von Ruth Langhans
Gesprochen von Ulrike Kriener

Patmos Verlag

INHALT

CD MIT NEUN MUSIKALISCH BEGLEITETEN HÖRSPAZIERGÄNGEN

1.	Einleitung	00:00
2.	Folge den Bäumen	02:45
3.	Den Aufbruch spüren	11:31
4.	Halt finden	24:26
5.	Eintauchen in die Fülle	31:09
6.	Sei bereit	40:48
7.	Sich leicht fühlen	47:05
8.	Körpergedächtnis aktivieren	55:17
9.	Zuversicht atmen	63:45
10.	Zur Ruhe kommen	71:39

Die Hörspaziergänge von der CD können leicht auf das Smartphone geladen werden. Dazu verbindest du dein Smartphone über ein USB-Kabel mit deinem PC und legst die CD in das Laufwerk. Smartphone und CD sollten nun unter Geräte/Laufwerke auf deinem PC sichtbar sein. So lassen sich die MP3-Dateien problemlos auf dein Smartphone oder MP3-Gerät übertragen.

Außerdem sind die Hörspaziergänge auch auf allen gängigen Streamingdiensten verfügbar.

VOR-DENKEN

Wenn nichts mehr geht, gehe ich raus. Wenn ich denke, dafür keine Zeit zu haben, brauche ich das Gehen in der Natur am dringendsten. Mein Weg zum (fast) regelmäßigen Gehen und Verweilen im Wald war weit und verschlungen.

Wohl wissend, dass Gehen guttut, bin ich in anstrengenden Phasen losgegangen. Im Stechschritt. Angespannt. Atemlos. Genau so, wie ich vorher den Arbeitsalltag am Bildschirm verbracht habe. Gedanklich im Dauerlauf. Pausenlos. Digital überlastet.

Im Gehen stellt sich der Moment der Entspannung mit Sicherheit ein, mal früher, mal später. Den Ablauf empfinde ich immer gleich. Zuerst verlangsamt sich unmerklich das Schritttempo. Plötzlich nehme ich die Umgebung wahr, Licht und Schatten, das Wetter. Höre das Rascheln der Blätter. Rieche den Waldboden. Langsam entwirrt sich der Knoten im Kopf, auch die Gedanken gehen frei spazieren. Eine andere Perspektive stellt sich ein. Ein Problem, das vorher unlösbar schien, nähert sich einer Lösung an.

Mein Vorhaben, in Stressphasen zu gehen, erschien leicht und war doch so schwer umzusetzen. In diesen Momenten wünschte ich mir einen Anschub, eine akustische Begleitung, die mein Tempo drosselt und mich zu innerer Ruhe führt. Oft brauchte es nur einige Minuten und der Prozess kam unmerklich in Gang.

Bruchstückhaft entwickelte sich aus zarten Anklängen ein Herzensprojekt: Hörspaziergänge, die Natur und Mensch näher zusammenbringen und das Gehen im Wald begleiten – wie in einer angeleiteten Meditation.

Über mehrere Jahre entstanden Textfragmente, die sich nach und nach zu einem Ganzen zusammenfügten. Jeder Text berührt ein Thema, das mich selbst beschäftigt, spannt einen Bogen zwischen

Sachwissen und Poesie, Philosophie und eigener Lebenserfahrung. Inzwischen habe ich gelernt, innere Hektik in den Wald zu tragen und erfrischt mit mindestens einer neuen Idee zurückzukehren. Ein Prozess, der Zeit, Geduld und Nachsicht braucht. Wandel erfolgt schrittweise. Noch immer tauche ich gelegentlich in Arbeit ab und übersehe alles andere. Erst beim Auftauchen spüre ich, was mir gefehlt hat.

Im Buch finden sich bewährte und neue Strategien. Alle sind selbst erprobt und laden zum Ausprobieren und individuellen Weiterentwickeln ein. Frisch und anregend sind die Zusammenhänge, in die das Wissen um die Natur gestellt wird.

Bewegung bringt uns körperlich, emotional und geistig in Fluss. Wir betreten offene Räume, die uns einen freien Rahmen geben.

Natur fließt. Die Natur hält alles für uns bereit. Alles darf sich entwickeln, nichts muss geschehen, nichts wird von uns erwartet. In der Natur fühlen wir uns lebendig. Darin liegt das Geheimnis.

Gehe nun offen und neugierig deinen eigenen Weg. Folge den Bäumen. Öffne dich einer neuen Sichtweise auf das Leben. Ich wünsche dir mit den Impulsen von Buch und CD frische Energie, Freude und Inspiration.

Christine Bierschenk

DIESES BUCH IST …

Für den Geist

Gehe neue gedankliche Wege. Entdecke die geheimnisvolle Schönheit und Eigenart der Bäume. Staune über Gemeinsamkeiten zwischen Mensch und Natur. Empfange Impulse für das eigene Leben.

Für die Sinne

Tauche ein in die Bilder des Waldes.
Lausche den musikalisch begleiteten Hörspaziergängen auf der CD. Klang- und Wortbilder wecken die Ohren und schärfen die Sinne. Entweder auf dem Sofa …

Für den Körper

…. oder lieber direkt in der Natur.
Im Dreiklang von Gehen, Hören und Spüren nimmst du eine Auszeit und holst dir Inspiration in dein Leben.
Lade die Audiodateien von der CD auf dein Smartphone, als Motivation und als akustische Begleitung zum Auftakt eines Spaziergangs.

Für die Seele

Spüre die wohltuende Wirkung der Bewegungsmeditationen. Sie besänftigen den Geist und führen zu innerer Ruhe.

Für dein Leben

Gehen verändert: deinen Alltag, deine Gesundheit, dein Leben.
In der Bewegung löst sich körperliche Anspannung. Du fühlst dich wohler und lebendiger. Erfrischt kehrst du zurück.

Mehr wissen
heißt mehr sehen.

… EIN BUCH FÜR NEUE WEGE

Wissen allein reicht nicht. Unmittelbare Erlebnisse mit allen Sinnen, mit dem eigenen Körper erfahren und ausprobieren – nur wenn wir ganzheitlich beeindruckt sind, behalten wir Neues in Erinnerung, verankert sich Neues nachhaltig im Gehirn und im Körper.

Vom Verstand … Nimm das Buch als Anregung, unterschiedliche Wege einzuschlagen. Lies es von vorne nach hinten oder in bunter Reihenfolge. Wähle das Thema, das dich besonders anspricht und vertiefe es. Wage Neues.

… in den Körper Leben ist Bewegung. Bewegung ist Wandlung. Sich zu bewegen ist ein menschliches Bedürfnis. Mit und nach Bewegung fühlen wir uns wohler. Im Sitzen vergessen wir unseren Körper, gedanklich abwesend spüren wir ihn erst wieder beim Aufstehen oder wenn er schmerzt.
Im Buch und auf der CD findest du Ideen, mehr Bewegung in deinen Alltag zu integrieren.
Bereits wenige Minuten reichen aus.

Erkundungen Leben heißt kreativ sein. Natur ist Kraftort und Inspirationsquelle zugleich. Die Erkundungen im Buch und auf der CD bringen dein individuelles Potenzial zum Schwingen. Entfalte mit der Natur und in der Natur deine Kreativität.
Lasse die Natur sprechen und zu deinem persönlichen Berater werden.

DEN BÄUMEN FOLGEN

Leben will gelebt werden. Bewegt und kraftvoll, schöpferisch und kreativ. Mit Sinn und Freude, der inneren Stimme folgend. Wann fühlst du dich lebendig? Was gibt dir Energie und lädt deine inneren Batterien auf? Was entzieht dir Energie? Unsere technischen Geräte zeigen regelmäßig ihren Akkustand an und geben Nachricht, wann sie aufgeladen werden möchten. Daran halten wir uns. Nimmst du die Signale deines Körpers ebenso wichtig? Genau genommen brauchen auch wir das tägliche Nachladen unserer Energiespeicher, brauchen geistige und seelische Stärkung. Gelingt dir das im geschäftigen Alltag? Oder wartest du auf das Wochenende oder gar den Urlaub, um neue Energie zu tanken?

Die Anbindung an die Natur ist eine zuverlässige Kraftquelle. Sie bietet Impulse für körperliche und geistige Bewegung und Zugang zu den natürlichen Rhythmen des Lebens. Nimmst du die Lebendigkeit der Natur an, trägt sie dich wie eine Welle.

Gehe dein Leben an.
Folge den Bäumen.

Leben ist Bewegung. Bewegung ist Wandlung.

Bewegungslosigkeit im Alltag verlangsamt das Denken. Gehen bringt den Geist in Schwung. Jeder Schritt löst starre Bewegungsmuster, mobilisiert die Gedanken, beflügelt die Fantasie. Inspiration geht von den Füßen aus.

Gehen begünstigt die Hirnaktivität, speichert aufgenommene Informationen nachhaltig im Langzeitgedächtnis. Nicht nur Kinder lernen leichter in Bewegung. Sinneswahrnehmung, Körperverhalten und emotionales Wohlergehen beeinflussen sich gegenseitig. Fröhliche Kinder hüpfen, und umgekehrt kann Hüpfen fröhlich stimmen.

Gehen ist uns vertraut, so sehr, dass wir es gar nicht wahrnehmen, dass wir *uns* beim Gehen nicht wahrnehmen. Füße und Beine erledigen ihre Arbeit. Darum kümmern wir uns nicht. Aber genau das können wir tun, um einen bewussten Zugang zu Körper und Geist zu finden.

Äußere Langsamkeit führt zu innerer Ruhe. Bedächtig gehen, jeden Schritt spüren, vom Aufsetzen der Ferse über das Abrollen bis zum Abheben für den nächsten Schritt. Die Konzentration auf den Augenblick erfrischt.

Gehen ist alltagstauglich. Es erfordert keinen Aufwand und kostet nichts. Bewusstes Atmen und Gehen bringen Ruhe in den Körper. Schritttempo und persönlicher Rhythmus pendeln sich aufeinander ein. Bereits nach fünf Minuten Aufenthalt im Grünen sind gesundheitliche Effekte messbar.

Finde in Bäumen deine Begleiter.

In den Himmel ragende Kronen, kraftvolle Hauptäste, gerade gewachsene Stämme, miteinander vernetzte Wurzeln, Bäume sind ein Sinnbild für Beständigkeit und Lebenskraft. Mit wissenschaftlichen Erkenntnissen nähern wir uns hier dem Wesen der Bäume. Grundkenntnisse über die Zusammenhänge des Lebens bereichern und bereiten Freude. Wissen öffnet die Wahrnehmung für die Schönheit der Natur. Mehr wissen heißt mehr sehen.

Bringe dann das Wissen vom Kopf in den Körper. Nimm dir die Hörspaziergänge mit und lege los; am besten auf einem Weg, den du gern gehst, im Wald in deiner Wohnnähe oder unter Bäumen im Park. Ziehe bequeme Schuhe an, aber lasse die Sportausrüstung zu Hause. Wir flanieren ohne Leistungsdruck, ohne Schrittmaßzähler oder Pulsuhr und möglichst ohne Netzempfang. Profitiere davon, durch nichts abgelenkt zu werden, und genieße die Zeit mit dir selbst.

Spaziere durch die Jahreszeiten, finde frische Energien im Frühling, tanke im Sommer leichtfüßig Inspiration, erkenne im Herbst den rechten Moment der Reife, komme im Winter zur Ruhe. Je nach Jahreszeit oder Stimmung wählst du *eines* der Themen. Starte am Ausgangsort den gewünschten Hörspaziergang und lasse dich akustisch führen, solange du magst.

Atmen und gehen.
Gehen und denken.
Gedankenwege gehen.

Eine Bewegung,
vom Atem geleitet,
vom Atem begleitet.

Während sich deine Gedanken aus dem Alltagstrott befreien, stellen sich Entspannung und innere Ruhe ein. Schwinge dich ein auf deinen eigenen Rhythmus, er gibt dir Ausgeglichenheit. Lausche dann dem Gesang der Vögel, dem Rauschen der Bäume und deiner inneren Stimme. Genieße Augenblicke der Stille, Schönheit und duftende Bäume, ehe du erfrischt in deinen Alltag zurückkehrst.

Sei neugierig. Lasse dich anregen zu neuen gedanklichen Wegen und stärkenden Kraftmomenten im Grünen.

▶ *Sinnlich unterwegs: Hörspaziergang 1 auf der CD.*

Standfest wie ein Baum

Beginne gleich jetzt mit einer kleinen Übung.

Sie ist geeignet für den Alltag, für zwischendurch und für den Auftakt zu jedem Spaziergang. Lerne, deinen Körper im Stehen bewusst wahrzunehmen.

Der ausgewogene Stand ist das Fundament für dein Leben. Er gibt dir Vertrauen, Selbstsicherheit und Entscheidungsfähigkeit. Stelle dich bequem hin, die Füße hüftbreit auseinander. Deine Fußspitzen zeigen nach vorne oder leicht nach außen.

Überprüfe deinen Stand, indem du in kreisender Bewegung vor, zurück und zur Seite schaukelst. Lasse die Bewegung immer kleiner werden. Dein Becken pendelt sich dadurch ein in seine natürliche Position.

Spüre die Schwerkraft des Körpers gleichmäßig auf beiden Füßen. Verteile dein Gewicht jeweils auf drei Fußpunkte: Mitte der Ferse, Fußballen innen und außen.

Kreise ein paar Mal mit den Schultern, lasse dann die Arme entspannt hängen. Dein Brustkorb ist nach vorne geöffnet. Deine Wirbelsäule ist aufgerichtet. Dein Blick fokussiert einen Punkt auf Augenhöhe, in der Ferne oder an der gegenüberliegenden Wand.

Atme ruhig ein und langsam aus.
Spüre deinem Atem im Körper nach.
Nimm dich in dieser Haltung wahr.
Gib dein Gewicht an die Erde ab.
Im Empfinden der Schwerkraft entspannst du dich.
Je mehr du die körperliche Schwere fühlst,
desto leichter und ruhiger wirst du.

Das bewusste Stehen gibt dir Standfestigkeit und führt zu innerer Ausgeglichenheit.

Baue diese Übung regelmäßig in deinen Tag ein.
Beginne gleich morgens nach dem Aufstehen und schaue, wie sich dein Körpergefühl verändert.

Stabilität. Ruhe. Verwurzelung.
Füße sind unser Fundament.

Gehe auf Erkundung

Jede Erkundung ist ein Experiment, eine Einladung und Inspiration, den Zusammenhang zwischen Mensch und Natur näher kennenzulernen. Als Kind haben wir Experimente geliebt und uns vorbehaltlos auf das Neue eingelassen. Bei einem Experiment gibt es eine Marschrichtung, ein Ziel, Etappensiege und Rückschläge. Manchmal geht das Experiment anders aus als gedacht, darin liegt die Überraschung. Das Ende ist immer offen, aber es gibt nichts zu verlieren. Wir können nur gewinnen: eine Einsicht, eine Erkenntnis, eine Erfahrung.

Das passt gut zu unserem Vorhaben. Folge der verlockenden Idee, Teile deines Lebens als Experiment zu begreifen. Sie befreit von dem Zwang, alles richtig machen zu müssen. Lasse deiner Kreativität freien Lauf, ohne Angst vor Fehlern. Erprobe mutig Neues. Wage das Ungewohnte. Den einzigen Fehler, den du begehen kannst, ist nichts zu wagen.

Wähle eine Erkundung aus, die dich besonders anspricht, und lege einen Zeitraum fest, in dem du experimentieren möchtest. Jeden Tag wenige Schritte zu gehen ist besser, als den großen Sprung zu wagen und dann resigniert aufzuhören.

Gehe jede Erkundung spielerisch, leicht und mit Freude an.
Werde aufmerksam, was passiert.
Erkenne positive Emotionen.
Bemerke den Glücksmoment im Alltag.
Schaffe dann neue Situationen,
in denen du diese Gefühle wieder erlebst.

ERSTE SCHRITTE

Einfach mal loslaufen, den Kopf auslüften, Gedanken sortieren, zur Ruhe kommen? Gar nicht so einfach wie es sich anhört. Du bist es gewöhnt, den Alltag im Stechschritt zu durchschreiten. Sprintest von Termin zu Termin und hetzt in den Feierabend. In Muße spazieren gehen? Ohne Ziel flanieren? Wie soll das möglich sein?

Unser Alltagstempo begleitet uns. Wir nehmen den Erledigungsmodus mit in unsere freie Zeit. Ob Abend, Wochenende oder Urlaub, es dauert eine gewisse Zeit, bis wir uns umstellen und das Tempo drosseln. Ohne es zu merken, laufen wir auch in terminlosen Phasen weiter auf Hochtouren.

Sich selbst vergessen?
Das Gedankenkarussell abschalten?
Ein fast unmögliches Unterfangen.

Körper und Geist sind untrennbar mit unseren Emotionen verbunden. Die Geschwindigkeit unserer Bewegungen bestimmt unsere Lebenssituation. Im schnellen Gehen bleiben auch die Gedanken im Dauerlauf. Nur langsames Gehen bringt uns zurück zu uns selbst, zu klaren Gedanken und zum inneren Gleichgewicht.

Langsam. Bewusst. Achtsam.
Gehen verändert die Wahrnehmung,
verändert uns.

Bäume sind langsame Wesen.

Sie sind darin befähigt, ihre Kräfte sorgfältig einzuteilen und zwischen Wachstum und Ruhe ein ausgewogenes Maß zu bewahren. Verwurzelt im Boden sind sie darauf angewiesen, am unveränderlichen Standort die Gaben ihres Umfelds bestmöglich zu nutzen und alle Widrigkeiten abzuwehren.

Die Pflanzenbiologie erforscht immer mehr die klugen Mechanismen der Natur, sich an die Wechselfälle des Lebens anzupassen. Komplexe Systeme der Sinneswahrnehmung zeigen auf der Ebene der Zellbiologie erstaunliche Gemeinsamkeiten zwischen Mensch und Pflanze.

Denke an die Bäume, auf die du beim Spazierengehen schaust.

Stelle dir vor, sie sehen dich auch.

Unter Bäumen.
Mehr Weite.
Mehr Klarheit.
Mehr Stille.
Mehr Sein.

Tatsächlich überwachen Pflanzen ihre Umgebung und nehmen Veränderungen wahr. Sie wissen, aus welcher Richtung Licht einfällt, ob ein Nachbar über ihnen wächst und Schatten wirft. Sie erkennen ultraviolettes Licht, das uns die Sonnenbräune schenkt, und Infrarotlicht, das uns wärmt. Sie nehmen somit Licht und Farben wahr, wenn auch anders als unser menschliches Auge.

Das Wort *Licht* bezeichnet elektromagnetische Wellen in einem für uns sichtbaren Spektrum. Blaues Licht ist kurzwellig, rotes Licht langwellig, Grün, Gelb und Orange liegen dazwischen, angeordnet in der Reihenfolge der Farbstreifen im Regenbogen.

Elektromagnetische Lichtwellen nehmen wir auf über Sinneszellen im Auge, sogenannte Fotorezeptoren. Unser Gehirn verarbeitet die Reize zu Informationen, auf die wir reagieren. Diesen Vorgang nennen wir »sehen«.

Langwellige Mikro- oder Radiowellen oder kurzwellige Röntgenstrahlen sehen wir nicht, obwohl sie gleichsam in der Atmosphäre existieren.

Bereits 1880 bewies Charles Darwin, dass sich Pflanzen dem Sonnenlicht zuneigen, und nannte dieses Verhalten Fototropismus. Pflanzliche Zellen erkennen Lichtrichtung und Lichtmenge und reagieren entsprechend. Wegweisend ist das Farbspektrum des Lichts.

Durch blaues Licht wachsen Triebe senkrecht zur Lichtquelle, Wurzeln in die entgegengesetzte Richtung. Unterschiedliche Signalmoleküle in den Zellen der Blätter, in der Biochemie Rezeptoren genannt, steuern den pflanzlichen Stoffwechsel. Der Rezeptor Phytochrom empfängt Lichtreize und sendet Botschaften in alle Teile der Pflanze. Dunkelrotes Licht der Abenddämmerung vermittelt den Impuls, den Stoffwechsel abzuschalten. Blaurotes Licht der Morgendämmerung aktiviert ihn wieder. Ein regelmäßiger Wechsel zwischen Aktivität und Ruhephase.

Die Abstimmung auf die regulären Tag-Nacht-Zyklen funktioniert sehr ähnlich bei Pflanzen, Tieren und Menschen. Taktgeber ist ein Rezeptor für die Wahrnehmung des blauen Lichts. Das Cryptochrom steuert die natürlichen Rhythmen aller Lebewesen. Die innere Zeitregulierung ist abgestimmt auf den 24-Stunden-Zyklus, in dem sich wichtige Prozesse stetig wiederholen:

Wach- und Schlafzeiten, das wiederkehrende Hungergefühl, der Verlauf des Energiehaushalts, Stoffwechselvorgänge bei Pflanzen, ihre Fotosynthese oder die Bewegung von Blättern. Diese täglich auftretenden Wechsel heißen zirkadiane Rhythmen. Fliegen wir um die halbe Welt, geraten wir aus dem Takt. Die Tag-Nacht-Signale stimmen nicht mehr. Wir sprechen von einem Jetlag, der einige Tage andauern kann. Das Cryptochrom stellt die innere Uhr neu ein. Natürliches Licht unterstützt diesen Prozess. Bei Bewegung im Freien erholen wir uns schneller.

Selbst in geschlossenen Räumen bleibt der Rhythmus weitgehend erhalten. Werden in Laborversuchen die Tag-Nacht-Rhythmen von Pflanzen verändert, erleiden auch sie einen Jetlag und passen sich erst nach ein paar Tagen an die neuen Bedingungen an.

Verbringen wir die Zeit kurz vor dem Schlafengehen an unseren Bildschirmen, aktiviert das blaue LED-Licht die Fotorezeptoren im Gehirn. Das Cryptochrom kurbelt den Stoffwechsel an und macht uns unverhofft wieder munter. An allen Smartphones und Bildschirmen lassen sich inzwischen Blaufilter oder ein Nachtmodus einstellen, um den Blauanteil im Licht zu reduzieren.

Blicke nun aus dem Fenster, ins Grüne, auf einen Baum.

Halte inne und mache dir bewusst, dass auch der Baum Morgenlicht von Abendlicht unterscheidet und die Periode der nächtlichen Dunkelheit bemisst. Sein Tag-Nacht-Zyklus funktioniert sehr ähnlich wie dein eigener. Denke daran, wenn du mal wieder die Nacht zum Tag machst oder spätabends vor deinen Bildschirmen sitzt. Wir glauben, uns dank heutiger Technik von den scheinbar einfachen Gesetzmäßigkeiten der Natur abkoppeln zu können und sind indes immer noch Teil von ihr.

Sind das nicht wunderbare Fähigkeiten,
die Baum und Mensch miteinander verbinden?

Einatmen, Ausatmen, Ankommen

Beginne deinen nächsten Spaziergang mit einem bewussten Impuls.

Laufe nicht Hals über Kopf los.
Atme bewusst ein. Atme langsam aus.
Konzentriere dich auf deinen Atem.

Probiere eine einfache Übung, um deinen Körper
und den Kontakt zum Boden zu spüren.

Stampfe abwechselnd mit jedem Fuß mehrmals kräftig auf den Boden.
Spüre dem Kribbeln in den Füßen nach und nimm die Dynamik wahr,
die sich von den Füßen in den Körper ausbreitet.

Stelle dir bildlich vor,
wie negative Energie in den Boden abfließt
und positive Spannkraft zu dir zurückströmt.

Belebe mit diesem Bild die Beziehung zu deinem Körper.

Nimm eine aufrechte, entspannte Körperhaltung ein
und richte deinen Blick weit nach vorne. Spüre die von Kopf bis Fuß
aufgerichtete Wirbelsäule.

Beginne mit dieser Haltung deinen Spaziergang,
jetzt oder das nächste Mal, ehe du losgehst.

Bewahre während des Gehens die Verbindung deiner Füße zum Boden
im Bewusstsein und wähle ein dir angenehmes, ruhiges Tempo.

▶ *Sinnlich unterwegs:*
Hörspaziergang 3 auf der CD.

Lange Wege, kurze Wege

Erkunde deine Wege. Jeder Weg ist eine Einladung zu einer Entdeckungsreise. Sein Verlauf gibt dir eine gewisse Orientierung vor, dennoch nimmst du ihn höchst unterschiedlich wahr. In der Bewegung veränderst du deine Position im Raum. Du erfährst seine Größe und Ausdehnung, erlebst Atmosphären, die dich umgeben, spürst eine Verschränkung von Raum und Zeit. Es gibt lange oder kurze Wege, und nicht immer hängt das Empfinden mit der zurückgelegten Wegstrecke zusammen.
Woran liegt das?

Keiner würde gern auf einer Autobahn spazieren gehen. Die Monotonie eines langweiligen Weges strengt uns an, gefühlt kommen wir nicht voran. Jede Wahrnehmung ist in räumliche und zeitliche Strukturen eingebettet. Das Gehirn gleicht alle Sinneseindrücke mit dem bereits Erlebten ab. Dieses Erfahrungswissen speichert es im impliziten Gedächtnis. Ohne Anknüpfungspunkte steht das Wissen nicht spontan zur Verfügung. Erhalten wir neue Impulse, ruft das Gedächtnis das Erfahrungswissen wieder ab. Wie ein Tastwerkzeug wandern unsere Augen umher und zeichnen ein Bild unserer Wahrnehmung. Trotz vieler Übereinstimmungen ist dieses Bild für jeden Menschen einzigartig und verändert sich zeitlebens. Auf einem Weg ohne optische Haltepunkte und räumliche Einheiten entsteht aus dem Erlebten kein eindeutiges Bild. Uns fehlt die strukturierte Wahrnehmung, unser Empfinden taumelt ins Unbestimmte.

Im Gehen in der Natur
fühlen wir uns lebendig.
Darin liegt das Geheimnis.

Ein erlebnisreicher Spaziergang in der Natur führt durch offene Wiesenbereiche und geschlossene Waldflächen, vielleicht über

Höhenzüge mit Weitblick oder durch enge Tallagen. Auch im Stadtpark wechseln helle, sonnige Bereiche sich mit schattigen Partien ab. Immer wieder findet das Auge Abwechslung und Blickpunkte, ein steter Perspektivwechsel, ein Wechsel zwischen Verhüllen und Freilegen, fast wie ein Durchqueren unterschiedlicher Bühnenbilder. Unebener Wegebelag verzögert den Schritt und lässt innehalten. Unbewusst setzen wir den Fuß achtsam und mit Bedacht auf. Geschwungene oder schmale Wege verlangsamen das Tempo, die Gerade wirkt eher beschleunigend.

Der Zeitforscher und Soziologe Robert Levine hat mit Studierenden das Lebenstempo in Städten untersucht. Ihren Beobachtungen zufolge korreliert die Gehgeschwindigkeit mit der Gestaltung der Städte. Je mehr eine Stadt durchgrünt ist, desto langsamer laufen ihre Bewohner. Parks und Gärten, aber auch kleinere Grünflächen in der Stadt fördern die sinnliche Zuwendung und entschleunigen.

Suche dir für deine Erkundungen abwechslungsreiche Wege, Schleichwege und Trampelpfade. Tauche ein in deine Umgebung. Im Erleben vielschichtiger Qualitäten findest du Inspiration. Deine Bewegung führt zu konzentrierten Momenten bei gleichzeitiger Entspannung. Dein Denken wird beweglich. Gehen wird zum sinnlichen Erlebnis.

Erkunde deine Bewegungen,
deine Wege, den Raum, der dich umgibt.
Nicht jeder Weg ist gleich,
nicht jeden Weg nimmst du gleich wahr.
Beobachte dich auf deinen Wegen zu Fuß:
Welche Wege erscheinen dir kurz oder gar kurzweilig?
Welche Wege ziehen sich scheinbar endlos in die Länge?
Wann gehst du schnell, wann verlangsamst du dein Tempo?
Wie sieht dein Lieblingsweg aus?
Traue dich, auch mal querwaldein zu gehen …

ENERGIEN IM NETZWERK DES LEBENS

Die Erde ist ein unerschöpfliches Reservoir an Kraft. Für die amerikanischen Ureinwohner ist sie eine heilige Energiequelle. Um das Leben klar zu spüren, sitzen und liegen sie am Boden, statt wie wir getrennt von der Erde zu schlafen.

Füße sind unser Fundament, auf dem wir stehen und gehen. Der Kontakt der Füße zum Boden beeinflusst unsere Lebens- und Handlungsweise. Die Gangdynamik zeigt die Positionierung im Leben.

Bodenkontakt zu spüren ist ein ursprüngliches Bedürfnis. Bereits vor der Geburt tastet sich der Fötus mit seinen kleinen Füßen im Mutterleib voran und stößt sich von der Wand der Gebärmutter ab.

Bewegungstherapeuten wissen, dass Körperhaltung, Atmung und Stimme von den Füßen ausgehen. Füße leiten Informationen an unser Gehirn weiter, Körper und Seele hören unbewusst zu. Körperhaltung und Lebensgewohnheiten zeigen enge Zusammenhänge zwischen Gehen und Denken. Ein geduckter, angespannter Gang sendet negative Emotionen an das Gehirn. Eine aufrechte Haltung aktiviert positive Gedanken und Gefühle. Körperliches Gleichgewicht entfaltet sich zwischen Erdung und Aufrichtung.

Bäume – erdverbunden himmelsnah.

Eine innige Verbindung zwischen unten und oben und allen Teilen untereinander ist auch bei Bäumen gegeben: Der wichtigste Teil eines Baumes ist nicht etwa der Stamm oder die Krone, sondern es sind die Wurzeln. Im Boden vorwärtstastend nehmen sie mechanische Reize auf und übermitteln elektrische Signale von Zelle zu Zelle.

Das Wurzelsystem eines Baums reicht weit mehr als das Doppelte über das eigene Blätterdach hinaus. Versteckt unter der Erdoberfläche überschneiden sich eigene Wurzeln mit denen der Nachbarbäume. In diesem unterirdischen Netzwerk tauschen sie Nährstoffe und Botschaften aus. Geschwächte Nachbarn profitieren von den in ihrer Nähe produzierten lebensfördernden Stoffen. Dabei sind sie tatsächlich in der Lage, zwischen Exemplaren der eigenen oder fremden Art zu unterscheiden.

Ihr Mittel der Kommunikation sind gasförmige Substanzen. Sie geben chemische Verbindungen und elektrische Reize mit einer Geschwindigkeit von einem Zentimeter pro Sekunde weiter. Ein Zeitlupentempo, verglichen mit der schnellen Reizempfindlichkeit unseres Körpers. Der Baum erzielt dennoch messbare Erfolge. Sobald Fressfeinde wie Raupen das Laub befallen, verändert sich das Blattgewebe der Bissstelle. Die Leitungsbahnen senden elektrische Signale in alle Teile des Baumes. Innerhalb einer Stunde bilden sich Abwehrstoffe, die in den Blättern eingelagert werden und weiteren Feinden den Appetit verderben. Ergänzend schickt der Baum Warnsignale über die Wurzeln an seine gleichartigen Nachbarn. In der Folge pumpen auch sie Gerbstoffe in ihre Blätter, um mögliche Angriffe abzuwehren.

Wichtige Partner in der Übertragung der Reize sind Pilze. Ihre ausgedehnten Geflechte durchdringen den gesamten Bodenraum und vernetzen über weite Strecken die Wurzeln miteinander. In ungestörten Wäldern bilden Pilze ausgedehnte, flächendeckende Netzwerke. Bäume und Pilze tauschen untereinander Nährstoffe, Wasser und elektrische Reize aus; ein komplexer Stofftransport zum gegenseitigen Nutzen aller Beteiligten. Eine Handvoll Waldboden enthält mehrere Kilometer dieser Wurzelfäden, die den Wald zu einem einzigen komplexen Organismus verbinden. Die Gemeinschaft der Bäume ist so stark wie ihr schwächstes Glied. Das Netzwerk trägt den Einzelnen und unterstützt die Gemeinschaft.

Gilt das nicht ebenso für die unterschiedlichen Lebensbereiche, in die wir eingebunden sind?

Das Leben spielt in Beziehungsnetzen. Wir geben und empfangen Impulse, ein Wechselspiel der Kommunikation, ein lebendiger Austausch in allen Lebenslagen. Wir stärken uns in sozialen Rückspiegelungen. In unsicheren Situationen vertrauen wir auf die Erfahrung von Freunden, die Rückmeldung der Familie oder die Meinung einer Fachkraft. Sie alle geben uns Halt. Jede und jeder verfügt über individuelles Wissen, das anderen helfen kann. Als Einzelne sind wir kaum überlebensfähig. Als Teil der gesellschaftlichen Vernetzungsstruktur steht uns ein großes Potenzial an Erfahrung zur Verfügung.

Überlege, mit welchen Partnern du verbunden bist.
Wo spielst du im Alleingang gegen alle?
Welche Querschläger in deinem Umfeld machen dir das Leben schwer?
Welche Beziehungsnetze stärken dich?

Verbunden sein

Leben heißt atmen.
Einatmen. Ausatmen. Atempause.
Im Einatmen nehmen wir auf.
Im Ausatmen geben wir ab.
Über den Atem sind wir verbunden,
miteinander und mit allen Lebewesen.
Wir atmen alle.

Pflanzen verändern unsere Lebensgrundlagen:
Ohne sie wäre kein Leben möglich.
Pflanzen atmen Kohlendioxid ein
und geben Sauerstoff ab.
Sie kehren die Auswirkungen unseres Atems um.
Pflanzen erschaffen die Atmosphäre,
die wir zum Leben brauchen.
Sie reinigen und erhalten die Luft,
die für uns wohltuend und heilsam ist.
Die Luft, die wir atmen,
ist immer auch der Atem anderer Lebewesen.

Eine Kerze unter einer Glasglocke
verbraucht Sauerstoff und erlischt.
Steht gleichzeitig eine Pflanze unter der Glasglocke,
brennt sie bedeutend länger.
Uns würde es genauso ergehen.
Über den Atem sind wir miteinander verbunden.
Wir tauchen ein in die Atmosphäre aller Lebewesen.

Oft vergessen wir, dass uns Luft durchdringt und umgibt.
Der Raum, in dem wir leben, ist untrennbar verwoben mit allem.
Alles ist mit allem verbunden.

Alles ist stets im Fluss.
Alles durchdringt alles.
Mit jedem Atemzug tauchen wir ein in die Welt.

Suche die Stille, das Alleinsein.
Stelle dich möglichst barfuß auf die Erde,
auf eine Wiese, auf ein Moospolster im Wald.
Atme ein.
Atme aus.
Spüre, wie dein Körperraum sich im Einatmen leicht ausdehnt
und im Ausatmen sanft zurückschwingt,
wie du dich im Einatmen öffnest
und im Ausatmen zusammenziehst.
Im Einatmen nimmst du Energie auf,
im Ausatmen gibst du Belastendes ab.
Lasse im langen Ausatmen alle Luft ausströmen.
Verweile einen Moment in der Atempause,
verweile einen Moment im luftleeren Raum.

Einatmen.
Ausatmen.
Atempause.
Leben heißt atmen.
Ohne Pflanzen wäre es nicht möglich.

Absichtslos umherstreifen

Flanieren in den Straßen von Paris oder Berlin. Ziellos durch unbekannte Viertel streifen. Das Großstadtleben beobachten, mit allen Sinnen eintauchen in den Rausch des Lebens. Sich verzaubern lassen. Konzentriert und gleichzeitig entspannt. Allein. Unbeobachtet. Unerkannt. Ein Gefühl zwischen Freiheit und Geborgenheit in der Masse. Im Gehen nachdenken. Schlendern als Protest gegen die Gesellschaft. Vor 200 Jahren war die Zeit der Flaneure. Schriftsteller, Philosophen, Musiker und Künstler gehen, um zu denken. Sie gehen nicht los, um einen Ort zu erreichen. Sie gehen, um den Gedanken auf die Sprünge zu helfen. Scheinbar im bloßen Zeitvertreib flanieren sie, wandeln umher, lassen sich inspirieren. Entdeckendes Gehen. Sie gehen nicht ohne Papier und Stift los. Manche schreiben direkt im Stehen auf der Straße ihre Gedanken auf. Andere notieren zu Hause, was gesehen und gedacht wurde. Der Rhythmus des Gehens trägt den Rhythmus der Worte. Herzschlag und Atem des meditierenden Gehens beflügeln Noten und Kunst. Gehen bringt Spannung in Körper und Geist. Körperbewegung ist Geistesbewegung. So wie sie gehen, denken sie.

Gehen wie die Flaneure, wer kann das heute noch? Zu Fuß gehen ist fast ein Luxus geworden. Wir haben stets das Ziel vor Augen, streben die kürzeste und schnellste Strecke an. Wir laufen von der Wohnung zum Auto, vom Parkplatz zum Arbeitsplatz, überbrücken mit möglichst geringem Zeitaufwand die notwendige Entfernung. Wir verschwinden in U-Bahn-Stationen und tauchen nach einigen Kilometern wieder auf, verpassen vielleicht Momente verborgener Stadtschönheiten. Im ICE zieht die Landschaft in atemberaubender Geschwindigkeit an uns vorbei, verschwimmt zu einer lang gestreckten Linie ohne Details. Im Flugzeug versäumen wir die zu überwindende Strecke vollständig. Je schneller wir reisen, desto mehr verliert sich der Raum zwischen den Orten. Das Dazwischen hat keine Bedeutung. Wir sind stets mit punktueller Wahrnehmung unterwegs. Hinfahren. Ankommen. Aussteigen. Erledigen. Weiterfahren.

Selbst in unserer Freizeit sind wir im Erledigungsmodus unterwegs. Wir gehen raus, um zu joggen, um aktiv zu sein, um Sport zu machen, immer mit einem Ziel vor Augen oder mit dem Druck im Innern: Du solltest dich mehr bewegen, du solltest öfter nach draußen gehen. Spazieren gehen, um sich fit zu halten, hat eine andere Wirkung auf deine Wahrnehmung als das absichtslose Umherstreifen.

Wir kennen das leidenschaftliche Abtauchen in eine geliebte Tätigkeit, musizieren, malen, kreativ sein, kochen. Wir vergessen Zeit und Raum und gehen in dieser Tätigkeit auf. Nicht das Ergebnis zählt, sondern das Tun. Diese scheinbar nutzlose Zeit ist hochproduktiv, sie verfeinert die Wahrnehmung, sie öffnet die Sinne. Sie erfordert eine ebenso hohe Konzentration wie eine nützliche Tätigkeit, dennoch entspannt sie Körper und Geist viel intensiver. Sinne und Gedanken werden frei.

Absichtslos sein. Einfach nur spazieren gehen. Einfach nur draußen sein. Einfach nur sein. Einfach mal allein sein.

Werde ein moderner Flaneur, der in die Langsamkeit aufbricht.
Plane deinen nächsten Spaziergang ohne Ziel.
Ohne Weg- und Zeitvorgabe.
Ohne Aufgaben, die unterwegs zu erledigen sind.
Ohne Smartphone. Ohne Ablenkung.
Bringe Offenheit mit. Stelle gewohnte Wege infrage.
Streife absichtslos umher. Tauche ein in deine Umgebung.

Gib dem Zufall die Gelegenheit, sich einzumischen.
Verringere das Tempo. Nimm alles ganz bewusst wahr.
Bleibe stehen. Setze dich beobachtend auf einen Baumstamm.
Lasse dich ein auf einen Ort, im Wald, im Park, in der Stadt.
Schaue. Lausche. Erwarte nichts.
Sei absichtslos.
Sei einfach da.

Erwartungen aufbrechen,
den Moment
des Unerwarteten
entdecken.
Natur überrascht.

LEICHTFÜSSIG TROTZ SCHWERKRAFT

Jede unserer Bewegungen stemmt sich gegen die Schwerkraft. Manche Tage lassen uns die Schwere spüren, mit jedem Schritt kämpfen wir dagegen an – kräftezehrend, ermüdend, Energiereserven schwinden. Dann kommen Tage, an denen wir leichtfüßig über den Boden schweben, trotz physikalischer Schwerkraft. Jede Bewegung bringt uns frische Energie zurück.

Woran liegt das?
Wie können wir Bewegungsenergie positiv nutzen?

Bäumen geht es nicht viel besser als uns. Sie sind im Jahreslauf heftigen Regenschauern, stürmischen Winden und Schneelasten ausgesetzt. Ihre Äste federn dabei schwere Zugkräfte ab, leiten sie über den Stamm in die Wurzeln und weiter in das ausgedehnte Wurzelsystem, das sie im Boden verankert. Jede Schwachstelle im Holz kann zu Rissen, zum Abbruch von Kronenteilen oder Schäden am Stamm führen.

Der Baum strebt den optimalen Wuchs an, um den jahreszeitlichen Belastungen zu begegnen und sich vor Verletzungen zu schützen. Ein gerade gewachsener Hauptstamm bietet statisch den besten Schutz vor möglichen Verletzungen. Jeden neuen Jahrestrieb nutzt der Baum, um Fehlentwicklungen zu korrigieren und sich wieder in der Senkrechten auszurichten. In Hanglagen versuchen Bäume stetig, den schiefen Stammansatz auszugleichen. Manchmal verlagert sich dadurch die Krone um mehrere Meter. Ein solcher Schiefwuchs kostet enorme Kraft, um den einseitigen Zugkräften beständig gegenzusteuern. Er gefährdet die Stabilität und macht die Krone anfällig für Windbruch. Nur die ausbalancierte Senkrechte gewährleistet den optimalen und kräfteschonenden Wuchs.

Im Gegenwind schwanken, den Widrigkeiten des Lebens trotzen, Krisen überstehen, ohne umzufallen. Halten wir nicht ähnlichen Anforderungen stand? Eigentlich sind auch wir stets vom Stolpern bedroht. Jede Bewegung bringt uns aus der Senkrechten, weg von der optimalen Achse unserer Mitte.

Tänzerinnen und Tänzer lernen Techniken, die körperliche Balance innerlich zu halten. Sie gibt ihnen das Gefühl, schweben zu können. Ihre Bewegungen werden nicht durch den Körper gelenkt, sondern folgen der Schwerkraft oder dem Gewicht des Tanzpartners. Während der Tänzer in die Knie sinkt, strebt er gleichzeitig gedanklich in die Gegenrichtung, eine Vorstellung im Geist, die den Körper leichter macht und ihn in seiner Bewegung unterstützt. Die Leichtigkeit der Bewegung nimmt die Schwerkraft an und macht sie zum Teil ihrer selbst. Mit Übung entwickeln Tänzerinnen und Tänzer eine Körperintelligenz, die sie aus sich heraus in der Balance hält.

Auge und Gleichgewichtssinn brauchen den unmittelbaren Bezug zur Senkrechten. Gerät unsere Körperhaltung aus der Vertikalen, schätzen wir die Schwerkraft falsch ein. Im Alltag spüren wir, dass ungünstige Körperhaltungen und dauerhafte einseitige Belastungen zu einer starren Haltung führen. Sie kosten uns unnötig viel Kraft. Wir verlieren Körperstabilität und Ausgewogenheit, werden unflexibel, nicht nur körperlich, auch gedanklich. Verlassen wir unsere innere Mitte, kann der Körper nicht mehr im Gleichgewicht pendeln.

Zentriere dich im Rad des Lebens.
Stärke deine innere Mitte.
Halte der Fliehkraft des Alltags stand.

▶ *Sinnlich unterwegs:*
Hörspaziergänge 6 und 8 auf der CD.

Sei ein Baum

Sei ein Baum unter Bäumen.

Der Baum ist im Yoga eine Gleichgewichtshaltung im Stand, die dir ein Gefühl von Stabilität und innerer Ruhe vermittelt. Sie eignet sich gut, um im Wald deine Verwurzelung mit der Erde zu spüren.

Tief verwurzelt in der Erde wachsen Bäume hoch in den Himmel. Von Jahr zu Jahr werden sie stabiler und fester. Sie sind ein Symbol für Beständigkeit in den Strömen des Lebens. Bäume lehren uns, standfest in der inneren Mitte und gleichzeitig nachgiebig und flexibel zu bleiben. Sei ein Baum unter Bäumen. In ihrer Nähe spürst du die Ruhe und Kraft der Haltung noch deutlicher.

Stelle dich aufrecht und stabil auf beide Füße. Verlagere nun dein Körpergewicht auf ein Bein und hebe den anderen Fuß leicht vom Boden ab. Wandere mit dem freien Fuß an der Innenseite des Standbeins nach oben. Es reicht aus, die Ferse an den Knöchel anzulehnen, wobei die Zehen noch den Boden berühren. Stehst du stabil genug, platzierst du die Ferse weiter oben an der Wade oder über dem Knie. Es kommt nicht auf die Höhe an, sondern auf die gerade Linie im Körper.

Hebe mit dem Einatmen deine Arme gestreckt in Richtung Himmel. Halte Standbein und Hüfte gerade. Das angehobene Knie zeigt nach außen. Schaue auf einen Punkt in der Ferne oder nach oben in die Baumkronen. Halte die Balance. Spanne Beine und Gesäß fest an. Richte dich innerlich weiter auf. Stelle dir vor, wie Wurzeln unter deinen Fußsohlen dich in der Erde verankern. Bleibe für ein paar ruhige Atemzüge in dieser Stellung.

Spüre dann im Stand auf beiden Füßen der Ruhe und Stabilität nach. Verlagere nun das Gewicht auf das andere Bein und wiederhole die Übung. Spüre die Veränderung im Empfinden deines Körpers.

Ungeübte dürfen am Anfang wackeln, auch Bäume sind in jungen Jahren noch nicht stabil gewachsen. Barfuß hast du einen festeren Stand als in dicken Schuhen.

Sommerleicht

Alles scheint möglich in der Fülle von Licht und Leichtigkeit des Sommers. Die Tage sind länger, die Energie fließt leichter. Lasse dich vom Reichtum der Natur inspirieren. Sammle das Licht in dir. Unsere Vorfahren lebten in der Überzeugung, Sonne, Wärme und den Überfluss des Sommers innerlich abzuspeichern, um in der dunklen Jahreszeit davon zu zehren. Das überlieferte Wissen wird heute oft in Studien bestätigt: Mithilfe der UV-B-Strahlung stellt der Körper in der Haut Vitamin D aus einem zuvor in der Leber umgebauten Cholesterin her. Wird dieses im Körper nicht sofort verbraucht, speichern Fett- und Muskelgewebe das Vitamin für einige Monate. Geringe Mengen finden sich auch in der Leber.

Richte deinen Blick auf dein inneres Wachstum, vieles fällt dir jetzt leichter als in der Schwere des Winters. Sommerkräfte expandieren nach außen. Die Natur drängt stets auf Entfaltung und Ausgleich der Kräfte. Natur kennt keinen Stillstand, nimmt sich stets Zeit und Raum für ihr Gedeihen. Alles Wachstum steckt in der Pflanze selbst, drängt von innen nach außen. Der Austrieb im Frühjahr erfolgt noch aus der im Vorjahr gesammelten Kraft. Ohne Licht, Wasser und Nährstoffe, ohne die Kräfte des Sommers ist danach kein Jahreszuwachs möglich. Längen- und Dickenwachstum streben in alle Richtungen und suchen die gleichmäßige Ausdehnung.

Körper und Geist, Beruf und Familie, Verpflichtung und Freiraum: Auch wir suchen die Ausgewogenheit unserer Lebensbereiche. Gleichzeitigkeit und Geschwindigkeit der Ereignisse fordern uns. Du kannst den Fluss der Zeit nicht aufhalten. Ändern kannst du nur deine eigene Haltung. Sie bestimmt die Tiefe deines Erlebens. Nutze die Energie des Sommers, um von innen nach außen zu wachsen. Nimm dir dazu Zeit und Raum.

Beginne gleich jetzt und weite das Experiment aus auf andere Bereiche. Verringere dein übliches Lesetempo. Oder du hältst zwischendrin inne und lässt deinen Blick schweifen. Gib den Worten Zeit, nur so können sie sich entfalten und ankommen. Gib deinen Gefühlen Raum, nur so nimmst du sie bewusst wahr. Gib deinem Handeln Zeit und Raum, so intensivierst du das Erleben. Alles braucht den von dir geschaffenen Raum. Das schnelle Abhandeln der Aufgaben nimmt den Dingen ihre Zartheit, übersieht ihre Schönheit, verändert ihre Bedeutung.

Lange Tage. Laue Nächte. Klarer Sternenhimmel. Scheinbar endloses Licht. Farben. Energie. Tiefe. Intensität. Alles strahlt aus sich selbst heraus. Alles ist in verschwenderischer Fülle vorhanden. Nimm dieses Strahlen als Antrieb für dein eigenes Strahlen.

Unsere Umgangsformen sind deutlich lockerer geworden. Nach der starren Förmlichkeit von früher kippen sie nun manchmal ins Gegenteil. Das verändert das Miteinander, auch mit denen, die wir gar nicht kennen. Beobachte dein eigenes Auftreten. Achte bewusst auf deine Gedanken, deine Worte, deine Mimik, deine Gesten, einen Tag lang oder auch nur eine Stunde. Lasse die Anmut des Sommers in dein Leben einziehen. Probiere aus und spüre der Veränderung nach.

Ein Lächeln, ein aufmerksamer Blick, eine freundliche Geste. Anmut ist eine Haltung, sie verschönert dein Leben und den Umgang mit anderen. Sei aufmerksam. Statt auf dein Smartphone zu schauen, suchst du Augenkontakt mit deinem Gegenüber. Sei offen für den antwortenden Blick. Sei zuvorkommend, biete deine Hilfe an. Sei geduldig in der Warteschlange. Gehe mit allen respektvoll um. Lasse die Energie des Sommers durch dich zum anderen fließen.

Was kannst du beobachten?
Strahlen die Augen deines Gegenübers?
Spiegelt sich im anderen deine Anmut?
Verändert sich dadurch deine eigene Haltung?

INNERER RHYTHMUS

Wir haben kein eigenes Sinnesorgan, um das Verstreichen der Zeit zu registrieren. Auch Uhren geben uns keine Antwort. Das Zerteilen in Stunden, Minuten, Sekunden hilft nur oberflächlich. Eine Minute kann quälend lang oder rasend kurz sein. Wir empfinden sie höchst unterschiedlich. Forscher haben lange nach einem Organ oder Sensor für das Zeitempfinden gesucht. Heute wissen sie, dass sich bestimmte Areale im Gehirn diese Aufgabe teilen: das Hirnareal für Erinnerungen und ein Areal, das Bewegungen koordiniert.

Wir fühlen Zeit in Verbindung mit Erlebnissen. Im Erleben des Neuen, in der Anregung der Sinne, in nachhaltigen Emotionen und in der körperlichen Bewegung nehmen wir unsere Gegenwart besonders intensiv wahr. In diesen Momenten dehnt sich die Zeit. Sie entsteht in uns und folgt unseren eigenen Erlebnissen. Je öfter wir im gewohnten Alltagstrott verharren und je stärker uns der Takt der Uhren leitet, desto weniger lesen wir unsere innere Uhr.

Was bestimmt deinen Tagesablauf, deinen Wochenplan, deinen Jahreslauf?
Schwingst du im inneren Rhythmus oder beugst du dich äußeren Taktgebern?
Gibt es für dich einen Unterschied zwischen Rhythmus und Takt?
Wie nimmst du Zeit wahr?
Spürst du deine innere Uhr oder bist du abhängig von den Uhren in deinem Umfeld?

Natur kennt nur Rhythmen. Diese lassen keine Beschleunigung zu. Pflanzenwachstum und -regeneration brauchen die ihnen vorbestimmte Zeit für Werden und Vergehen. Sie folgen im Wechsel der Jahreszeiten einer rhythmischen Ordnung in vier stetig wiederkehrenden Phasen.

Nach der Ruhezeit des Winters beginnt im Frühjahr die Mobilisierungsphase. Mit steigenden Lufttemperaturen erwärmt sich die Baumrinde und setzt Stoffwechselprozesse in Gang. Der Baum greift zurück auf eingelagerte Reservestoffe und wandelt Stärke in Zucker. Osmotische Saugkräfte verlagern Wasser vom inneren Holz in die Rinde. Sie starten den Stofftransport von der Wurzel bis in die Krone. Gut sichtbar in den anschwellenden Knospen, steht bald der gesamte Baum im Saft. Im April treibt er aus und entfaltet frischgrüne Blätter.

Während der Wachstumsphase findet in den Blattzellen Fotosynthese statt. Aus einfachen anorganischen Grundstoffen bilden Zellen mithilfe des Sonnenlichts die Zuckerarten Fruktose und Glukose. Diese wichtigen Bausteine aller Lebensprozesse verbraucht der Baum für sein Längen- und Dickenwachstum. Je nach Licht und Temperatur wachsen die Triebe täglich mehrere Zentimeter. Die Verdunstung auf der Blattoberfläche fördert den steten Wasser- und Nährsalztransport. Bis Ende Juli nehmen Blattmasse und Wasserverbrauch weiter zu. Bereits im August hört das Längenwachstum auf, nur das Dickenwachstum geht schwach weiter.

Ab September füllt der Baum seine Speicher. In dieser Einlagerungsphase wandelt er Zucker in Stärke um und lagert sie im Holz ein, genau entgegengesetzt zur Mobilisierung im Frühjahr. Die Aufladung des Baumes mit Reservestoffen beginnt in der Wurzel und wandert durch den Stamm bis in die äußeren Triebspitzen. Im Oktober endet der Prozess abrupt innerhalb weniger Tage. Mit der Zerlegung des grünen Blattfarbstoffs Chlorophyll führt der Baum alle wertvollen Substanzen zurück in das Stammholz. Rote und gelbe Farbstoffe verbleiben in den Blättern und geben ihnen die schöne Herbstfärbung. Zum Abschluss der Einlagerung bildet sich an der Basis der Blatttriebe ein Trenngewebe. Die Blätter lösen sich von den Zweigen. Ein in den Knospen gebildeter Wirkstoff löst die Ruhephase der Bäume aus, die während der kalten Wintermonate andauert.

Erst mit steigenden Temperaturen im Frühling beginnt die neue Wachstumsphase. Innerhalb dieser vier Jahresperioden wiederholt sich der natürliche Rhythmus in dynamischen Zyklen. Die Baumarten folgen dabei ihrem eigenen, endogenen Rhythmus, jedoch sind auch sie nicht losgelöst von Umweltbedingungen. Wärmeres Klima mit längerer Vegetationszeit sowie erhöhte Kohlendioxid- und Stickstoffwerte beschleunigen das Wachstum der Bäume. Buchen wachsen heute um einiges schneller als noch vor 50 Jahren.

Bäume lehren uns, den Dingen die Zeit zu geben, die sie brauchen für Werden und Vergehen.

Für uns ist es der technische und digitale Fortschritt, der die Geschwindigkeit des Alltags erhöht. Kurzatmig und hektisch hinken wir manchmal dem Tempo der Veränderungen hinterher. Wir stehen unter Druck, müssen effizient und in allen Bereichen immer auf dem neuesten Stand sein. Seit der Erfindung der ersten Werkzeuge war unser Gehirn noch nie einem so schnellen und dramatischen Veränderungsprozess unterworfen. Unser Kopf ist täglich auf vielen Frequenzen unterwegs, unseren Körper hören wir dann schon gar nicht mehr.

Suche in rastlosen Zeiten das Gegengewicht in der Natur. Der Wandel der Tages- und Jahreszeiten strukturiert deine von Uhren getaktete Zeit. Das Ignorieren der biologischen und kosmischen Zeit ist weder sinnvoll noch zielführend. Erkenne die zyklischen Abläufe des Lebens. Sie zeigen dir den natürlichen Rhythmus. Übertrage ihn in dein Leben.

Wie Pflanzen und Tiere haben auch wir eine angeborene Naturintelligenz. Im Freien erwecken wir sie zu neuem Leben.

▶ *Sinnlich unterwegs:*
Hörspaziergänge 2 und 4 auf der CD.

Erkenne deine Taktgeber

Mit dieser Übung spürst du deinen inneren Rhythmus auf.
Es ist eine Momentaufnahme.
Deine innere Schwingung ändert sich fortlaufend.
Je nach Gestimmtsein wird dir die Übung leichter oder schwerer fallen.

Beginne mit mehrmaligem kräftigem Aufstampfen der Füße.
Spüre der Energie in den Beinen nach. Sie erdet dich.

Finde den festen Stand, der deinen Körperschwerpunkt
gleichmäßig auf die Mitte der Ferse
und den Ballen innen und außen verlagert.
Nimm diese Haltung bewusst wahr.

Gehe langsam los.
Atme gleichmäßig über drei Schritte ein und über drei Schritte aus.

Konzentriere dich nur auf deinen Atem und das gleichmäßige Zählen.

Bringe Atem und Schritte in einen regelmäßigen,
sich wiederholenden Takt.

Fällt dir dieser Rhythmus am Anfang schwer, bleibe kurz stehen
und gehe mit deinem eigenen Atemrhythmus wieder los.

Probiere nach einiger Zeit den Drei-Schritte-Takt erneut aus.
Variiere beide Schrittfolgen, um Unterschiede zu spüren.

Löse dich nun von äußeren Taktvorgaben.
Schwinge dich ein
auf dein individuelles Schritttempo,
auf deinen inneren Rhythmus.
Vertiefe deine Atmung und setze deinen Weg
in deiner wiedergefundenen Langsamkeit fort.

Neugier beleben

Unser Gehirn wählt immer den schnellsten, kürzesten und geradlinigen Weg, wie auf einer Autobahn. Das Gehirn ist bequem. Wir merken es nicht einmal.

Für die Bewältigung unseres Alltags ist es erforderlich, große Mengen an Informationen in kurzer Zeit zu verarbeiten. Unser Gehirn ist unglaublich komplex und strebt dennoch stets nach Vereinfachung. Alles Erlebte, alle Bilder, Muster, Klänge, Gerüche, alle Wahrnehmungen speichert das Gehirn ab. Empfangen wir neue sensorische Reize, werden diese blitzschnell in der Großhirnrinde mit unseren Erfahrungen abgeglichen. Anhand der vorhandenen Informationen interpretiert das Gehirn die Wahrnehmung: Gibt es bereits eine vergleichbare Erfahrung, ein ähnliches Gefühl? Das Ergebnis des Abgleichs ist eine Mischung aus unbewusster Erwartung und subjektivem Gefühl. Die daraus folgende Reaktion baut auf alles auf, was wir bisher erlebt haben. Für unsere Alltagskompetenz ist dieses blitzschnelle Vorgehen von unschätzbarem Wert. Es dauert nur den Bruchteil einer Sekunde, bis das Arbeitsgedächtnis die richtige Reaktion auf eine rote Ampel auslöst. Anders würde unser Alltagsleben nicht so reibungslos gelingen.

Allerdings hat diese Funktionsweise des Gehirns auch Nachteile. Je besser wir etwas kennen, desto weniger genau schauen wir hin. Einer schnellen Wahrnehmung folgt eine schnelle Reaktion. Was für die Bewältigung der Alltagsprobleme genau richtig ist, steht uns in der Entdeckung des Neuen im Wege. In der flüchtigen Wahrnehmung kommt die sinnliche Fülle des Gesehenen, des Gehörten, des freudigen Gefühls gar nicht im Bewusstsein an. Das Gehirn verringert den eigentlichen sensorischen Gehalt der Wahrnehmung und speichert ihn gewissermaßen oberflächlich in der Großhirnrinde ab. Hier steht er für das nächste Mal wieder schnell abrufbar zur Verfügung. Leicht vorstellbar, dass in der Schnelligkeit unseres Alltags der Hauptteil aller Wahrnehmungen so verarbeitet wird. Wir bringen uns damit selbst um Fülle und Reichtum sinnlicher Erlebnisse.

Ganz anders ergeht es uns im Urlaub. Alles ist neu. Wir begeistern uns für das Gesehene. Wir schauen genau hin. Wir lassen uns Zeit. Wir nehmen mit allen Sinnen auf. Das Gehirn schaltet dann in eine andere Funktionsweise: Das Neue, das Unbekannte und unsere Begeisterung, unsere emotionale Beteiligung verstärken die Verbindungen zwischen Nervenzellen. Neue neuronale Verknüpfungen bilden sich. Das Erlebte wird in den tieferen Schichten des Gehirns gespeichert. Das Belohnungszentrum im Gehirn arbeitet auf Hochtouren. Kreative Einfälle fliegen uns zu. Ideen entwickeln sich. Wir empfinden Freude und die Stimmigkeit unseres Lebens. Wie Kinder, die im Spiel gedankenverloren Zeit und Raum vergessen.

Spielen ist für sie in Wirklichkeit richtige Arbeit. Sie übergehen dabei sogar Hunger und Durst. Manchmal reicht es, im Gebüsch eine Feder zu finden, und dann geschieht ein kleines Wunder. Wenn niemand kommt und alles erklärt, tauchen Kinder mit ihrem Fund ein in ihre eigene Fantasiewelt. Dabei wachsen Körper, Sinne und Seele zusammen. Kinder versinken in ihr Spiel und schaffen kreativ Neues. In dieser Hingabe empfinden sie Freiheit und Glück. Bei den tief unter die Haut gehenden, unmittelbaren Erlebnissen werden im Gehirn Botenstoffe ausgeschüttet. Sie erweitern und festigen die neuronalen Netzwerke. Ganz ohne »Lernen« ist dies die beste Förderung von Intelligenz.

Oft erscheint es uns langweilig, stets den gleichen Weg in Wohnortnähe zu gehen. Wir meinen, alles sehe gleich aus, weil wir den Weg bereits kennen. Dabei vergessen wir die Vielgestaltigkeit der Natur. Jeden Tag, jede Stunde und genau genommen jeden Moment verändert sie sich. Gehst du eine halbe Stunde den Weg in eine Richtung und drehst dann um, sieht der Rückweg komplett anders aus. Die

Sonne steht in einem anderen Winkel, strahlt aus einer anderen Richtung. Der Schattenwurf wandelt sich.

Deine Perspektive variiert. Manches nimmst du erst jetzt wahr, weil du deinen Blick auf dem Hinweg anderweitig gelenkt hast oder du in Gedanken abgeschweift bist.

Maßstabssprung.
Den Blick auf das Detail richten.
Wie durch eine Lupe schauen.
Überraschendes
aus der Nähe erkennen.

Bringe Neugier und Begeisterung in dein Tun. Sie sind ein Weg zu mehr Lebensfreude, womöglich eine innere Haltung, die es sich zu lernen lohnt.

Neugier ist eine innere Antriebskraft. Sie schenkt Freude und das Empfinden einer sinnvoll verbrachten Zeit. Neurologen weisen nach, dass bei neugierigen Menschen bestimmte Verbindungen im Gehirn besser miteinander vernetzt sind. Die Gehirnregionen für Belohnung und Lernen kommunizieren intensiver miteinander.

Neugier lässt deine Fähigkeiten wachsen, führt zu mehr Kreativität. Deine Ideen werden besser und spornen dich an weiterzusuchen, weiterzudenken, noch mehr zu erfahren. Du bringst dich selbst in eine positive Schleife, die dich nach oben führt. Neugier ist eine intrinsische Motivation, ein Ansporn von innen heraus. Sie ist eine Fähigkeit, die dir immer zur Verfügung steht, sofern du dir das richtige Umfeld schaffst: Neugier braucht einen entspannten Geist, Ausgeglichenheit und Optimismus. Hier schließt sich wieder der Kreis: Natur entspannt, gleicht aus und hält alles für dich bereit.

Werde neugierig.
Sei aufmerksam.
Beobachte.
Entdecke das scheinbar Bekannte neu.
Fange klein an.

Werde langsam.
Spaziere statt zu hetzen.
Wähle Schleichwege und Trampelpfade.
Entdecke Inspiration in den kleinen Dingen.
Öffne dich für Wunder.

▶ *Sinnlich unterwegs:*
Hörspaziergang 5 auf der CD.

VON SCHÖNHEIT BEFLÜGELT

Naturschönheit schwingt und bringt uns in Schwingung.

Ästhetische Reize der Natur schaffen im Gehirn neurobiologische Verknüpfungen, klären das Unterbewusstsein und beruhigen. Sie lösen ein Wohlgefühl aus, verbessern die Stimmung, entspannen, aktivieren und stärken. Das Gehirn schlägt neue Denkwege ein. Unverhofft lösen sich gedankliche Knoten. Scheinbar mühelos tanzen Ideen durch unseren Kopf, fließen frei und ohne Mühe. Selbst bei kurzen Aufenthalten in der Natur profitieren wir von dieser überraschenden Wirkung.

Was berührt dein Empfinden für das Schöne?
Was bringt dein Inneres zum Klingen?

Naturschönheit spricht uns alle an.

Erstaunlicherweise finden unterschiedliche Menschen die gleichen Landschaften schön. Ihre positiven Bewertungen stimmen in Umfragen überein. Wissenschaftler sehen darin weder einen Zufall noch subjektives Empfinden, sondern das natürliche Grundprinzip der Selbstähnlichkeit.

Die Natur wiederholt vom Kleinen zum Großen die immer gleiche Struktur in sich selbst. Nehmen wir einen Baum als Beispiel: Sein Blattaufbau spiegelt das Muster der Zweige, vervielfältigt sich in der Anordnung der Äste, ähnelt der Kronenform und dem Aufbau der Wurzeln, eine stete Regelmäßigkeit und Ordnung. Blüten und Samenstände wiederholen im Einzelnen die Aufteilung des Ganzen, eine klare Komposition ohne starre Geometrie. Selbst Landschaften, Gebirgsketten, Schneeflocken und sogar unsere Blutgefäße folgen diesem Prinzip der Selbstähnlichkeit.

Mathematiker nennen die Wiederholung der immer gleichen Muster »Fraktale«. Das Gehirn erkennt natürliche Symmetrien und Proportionen. Für uns unbewusst besänftigen fraktale Strukturen unser stressgeplagtes Wesen.

Das mit sich selbst im Einklang schwingende Ordnungssystem der Natur fördert mühelose Konzentration, bringt uns mental zur Ruhe, aktiviert Selbstheilungskräfte.

Der Wissenschaftler Roger Ulrich weist bereits 1984 in einer Studie nach, dass schon der Anblick von Bäumen die Gesundheit verbessert und Einfluss auf die Heilung nimmt. Einziger Unterschied der Kontrollgruppen ist der Blick aus ihrem Krankenhausfenster. Er fällt entweder auf einen Baum oder auf eine Mauer. Schauen Patienten auf einen Baum, nimmt die Heilung einen positiven Verlauf, die Regeneration beschleunigt sich, der Patient braucht weniger Schmerzmittel und kann früher wieder nach Hause. Bereits die Sichtbarkeit des Baumes beeinflusst die Wechselwirkungen zwischen Psyche, Nerven- und Immunsystem und belegt die Einheit von Körper und Psyche.

Schönheit – der flüchtige Moment, in dem alles stimmt.

Wir modernen Menschen tragen noch immer unsere Evolutionsgeschichte in uns. Sie prägt unser Unterbewusstsein und ästhetisches Naturempfinden. In Befragungen ähneln sich die Meinungen zur Wahrnehmung von schönen Bäumen. Unbewusst mögen wir Bäume mit Schatten spendenden Kronen, mit essbaren, uns gesunderhaltenden Früchten, und Bäume, an denen wir gut emporklettern können. Wir erkennen noch heute intuitiv die verborgenen Kräfte der Natur und wissen, welche Bäume schon immer gut für uns waren.

Ihre Ausgewogenheit und Balance übertragen sich. Ihre Harmonie erzeugt Resonanz. Sie bringen das Innere zum Schwingen und uns in Einklang mit der Umgebung.

Wir sind entwöhnt, die großen Zusammenhänge von Mensch und Natur wahrzunehmen. Nicht nur die ferne Wildnis gibt uns die Sensibilität zurück, auch das Grün vor der Haustür schenkt neue, anregende Impulse.

▶ *Sinnlich unterwegs: Hörspaziergang 4 auf der CD.*

Schönheit fühlen

Der Körper mit all seinen Sinnen ist unser Instrument der Wahrnehmung. Wir reagieren auf Schwingungsmuster des Schönen und sie verändern biochemische Prozesse im Körper. Genießen wir Schönheit, vermindert sich unsere innere Anspannung. Schwingt unser Körper in Harmonie, arbeitet er im Optimum. Kardiologen und Neurologen messen die Harmonisierung der Körperfunktionen und belegen ihre positiven Effekte: Der Blutdruck sinkt, die Herzfrequenz verlangsamt sich, das Nervensystem beruhigt sich, die Produktion und Ausschüttung des Glückshormons Serotonin steigt. In der Folge fühlen wir uns wohl und zufrieden.

Natur ist aus sich heraus schön. Sofern wir sie nicht als bedrohlich empfinden, spricht diese Schönheit eine Sprache, die alle verstehen. Öffnen wir unsere Sinne für das Schöne, spüren wir intuitiv den Fluss von Lebenskraft. Natürliche Schönheit ist heilsam. Entfalten wir unsere Wahrnehmung für diese Schönheit, vermehrt sie sich in all unseren Lebensbereichen. Unsere Aufmerksamkeit weitet sich und plötzlich erleben wir wiederholt Momente der Schönheit. Wir können uns darin üben, so wie wir uns in allen Dingen üben können.

Wahrnehmung ist Bewusstsein. Der Körper ist dein Resonanzraum für Begegnung und Bewusstsein. Begegne deinem Körper mit Achtsamkeit und Wertschätzung, lausche seinen Signalen. Lenke deine Aufmerksamkeit auf deine Innenräume, deine Bewegungen, deine Sinnesempfindungen, den Raum um dich herum, dein Gegenüber. Alles ist Begegnung. Alles ist Bewusst-Sein. Vieles läuft automatisch ab, funktioniert ohne dein bewusstes Zutun, organisiert sich nach den natürlichen Prinzipien. Dein Körper weiß mehr als dein

Verstand, und doch kannst du lernen, subtile Veränderungen wahrzunehmen. Dein intuitives Körperwissen unterstützt dich darin.

Schönheit kannst du nicht konsumieren. Um Schönheit zu spüren, musst du dein Herz öffnen, brauchst du einen freien und entspannten Geist. Drehen sich die Gedanken im Kreis um die alltäglichen Probleme, vernebeln sie deine Wahrnehmung. Läufst du in Hektik durch dein Leben, übersiehst du die schönen Dinge in der Natur, im Menschen, in der Kunst, der Musik, den Worten, in allem. Schönheit ist ein Ereignis. Sie ist eine Erkenntnisquelle. Schönheit löst in dir ein besonderes Empfinden aus. Nimmst du eine offene, fragende Haltung an, widerfährt dir Schönheit. Sie verändert deine Sicht auf die Dinge. Begegnest du allem mit Achtsamkeit und Wertschätzung, erschließt du dir diese Kraftquelle.

In der Natur fällt es dir leichter, dich darin zu üben. Suche dir in deiner Wohnortnähe ein Stück Wald oder auch nur einen Baum auf einer Wiese oder im Park. Widme dich diesem Bereich für einen längeren Zeitraum. Gehe zu unterschiedlichen Tageszeiten an deinen Ort. Beobachte durch die Jahreszeiten hindurch die wunderbare Entwicklung und Veränderung. Wir neigen oft dazu, es langweilig zu finden, immer wieder in gleicher Umgebung unterwegs zu sein. Tatsächlich verbirgt sich in dieser Wiederholung das Geheimnis der Schönheit. Mit der Zeit erkennst du mehr und mehr Details. Allmählich fallen dir wiederkehrende Muster auf.

Beobachte, wie sich die Grüntöne im Laufe des Jahres verändern. Fühle die zarten, hellgrünen Blätter des frischen Austriebs im Frühjahr. Betaste die robuste Blattoberseite des reifen, dunkelgrünen Blattes im Spätsommer.

Grün ist nicht gleich grün. Schau, wie viele Grüntöne du sammeln oder fotografisch dokumentieren kannst. Jeder Baum hat seinen eigenen Grünton. Oft finden sich, je nach Ausrichtung zur Sonne, auch unterschiedliche Grüntöne am gleichen Baum.

Betrachte im Herbst den allmählichen Rückzug der Grüntöne. Schau, welche Bäume sich gelb oder leuchtend rot verfärben. Oder auch ihr grünes Laub abwerfen.

Studiere die sich verändernden Lichtverhältnisse im Wald. Genieße die Wintersonne unter unbelaubten Kronen. Vergleiche den zarten Schattenwurf in der Zeit des Austriebs im Frühjahr mit den dichter werdenden Schatten, bis der Wald im Sommer dunkel wird.

Sich einlassen.
Mit allen Sinnen
und wachem Verstand.

Lausche den Geräuschen der Umgebung. Der Gesang der Vögel, ihr Zwitschern und Flattern klingen im Frühjahr anders als im Herbst.

Die Langzeitbeobachtung verändert deine Wahrnehmung. Die Wiederholung stärkt deine neuronalen Verknüpfungen im Gehirn. Aus kleinen Trampelpfaden werden Autobahnen der Wahrnehmung. Sie intensivieren die Sinneswahrnehmung und die empfundene Erfahrung. Das sinnliche Erleben des Augenblicks offenbart dir Schönheit. Du öffnest dir eine Tür zu mehr Freude, zu Glücksmomenten, Kreativität und Energie.

Die Wahrnehmung des Moments in voller Aufmerksamkeit ist eine Gabe, mit der wir auf die Welt kommen. Im sinnlichen Erleben in der Natur erlangen wir diese kostbare Fähigkeit wieder.

Nimm die Schönheit in dein Inneres auf. Deine Sinne sind darauf ausgelegt, in das Netz der Natur eingebunden zu sein. Die subtilen Reize natürlicher Schönheit unterstützen die Entfaltung deines menschlichen Potenzials.

Spüre den Unterschied.
Wie fühlen sich deine automatisch ausgeführten Abläufe und Gewohnheiten an?
Welches Empfinden stellt sich ein im sinnlichen Verweilen im Augenblick?
Breiten sich Wohlbefinden und ein Gefühl der Stimmigkeit in dir aus?
Wandert deine im Alltag stets nach außen gerichtete Aufmerksamkeit nun wieder nach innen?

Staunen

Das Unerwartete entdecken. Das Wunder erwarten. Wieder staunen wie ein Kind. Gehst du mit offenen Augen und Sinnen durch die Natur, begegnet dir immer wieder Überraschendes. Natürliche Schönheit fügt sich zu einzigartigen Mustern, Strukturen und Formen. Natur ist ein Kunstort. Lass dich inspirieren, in der Natur und mit der Natur kreativ zu werden.

Der 1931 in den Niederlanden geborene Künstler Herman de Vries hat das Staunen zu seinem Beruf gemacht. Er ist ausgebildeter Gärtner und Biologe. Von der Wissenschaft wechselte er zu den Künsten und lässt seitdem die Natur sprechen. Der Wald ist sein Atelier, seine Ideen entstehen im Gehen. Natur ist für ihn die stoffliche, geistige und ästhetische Grundlage des menschlichen Lebens. Er sagt: »Natur ist sich selbst genug und soll dem Menschen auch genug sein.« (Aus: Begleitheft zur Ausstellung *Nach der Natur*, Museum Sinclair-Haus, Bad Homburg, 2017)

Für seine Kunstwerke sammelt und ordnet er Material aus der Natur. Er gibt ihnen eine neue Bedeutung, indem er Pflanzen, Steine, Holz oder farbige Erden in einfachen geometrischen Strukturen anordnet. Den Zufall bezieht er bewusst in seine vergänglichen Kompositionen mit ein. Fundstücke wirft er lose hin und überlässt dem Zufall das Ergebnis.

Werde selbst kreativ. Die Natur regt an und lässt gleichzeitig Freiheit für eigene Kreativität. Es gibt kein Richtig oder Falsch, kein Gut oder Schlecht. Es kann nichts schiefgehen. Sei offen. Sei neugierig. Tauche ein in den kreativen Flow und probiere dich aus. Wage den eigenen Blick. Erwarte nichts und empfange künstlerische Impulse.

- Gehe auf die Suche nach Strukturen und bringe sie zu Papier. Frottage ist eine einfache Technik, die zu überraschenden Ergebnissen führt. Lege ein Zeichenpapier auf eine strukturreiche Oberfläche und reibe mit der Breitseite eines Bleistifts darüber. Je nach Druck und Intensität des Farbauftrags lagert sich auf den erhabenen Bereichen mehr Farbe an als in den Vertiefungen. Du kannst so die Strukturen von Baumrinde, Holz, Blättern und vielen anderen Oberflächen zeichnerisch wiedergeben. Als Zeichengerät sind alle weichen Stifte, wie Bleistift, Buntstift, Kreide oder Kohle, geeignet. Das Papier darf nicht zu dick sein. Nimm dir ein Heft oder kleines Skizzenbuch mit zu deinem nächsten Spaziergang und probiere es aus. Oder nimm Fundstücke mit nach Hause und arbeite dort.

- Zeichne mit Fundstücken aus der Natur. Nutze Äste, Rinden- oder Holzstücke, Blatt- oder Blütenstängel, Halm oder Federkiel. Tauche sie ein in farbige Tinte oder flüssige Farbe und führe sie spielerisch über das Blatt. Jede Linie hat Charakter, wird unregelmäßig, mal breit, mal schmal, mal mit mehr Farbe getränkt, mal zart und blass. Der Zu-

fall spielt mit und schenkt eine lebendige Linienführung. Wer meint, nicht zeichnen zu können, wird hier eines Besseren belehrt. Linien tanzen über das Papier und erschaffen kleine Kunstwerke. Die Natur zeichnet für dich.

- Noch einfacher ist das Stempeln mit Naturmaterialien. Wie beim Kartoffeldruck aus der Kindheit kannst du fast alles als Stempel verwenden. Kombiniere die Abdrücke zu grafischen Mustern. Die vielgestaltigen Formen der Natur ergeben wie von selbst schöne Muster. Besonders hübsch sind die Samenkapseln von Mohn. Ihr Abdruck gleicht einer kleinen Blüte.

HEILKRÄFTE GEGEN STRESS

Kennst du diese Tage mit Tunnelblick, die nur schwarz-weiß erscheinen, an denen Umwelt und Mitmenschen sich scheinbar gegen dich verbünden und dir der vielfarbige, differenzierte Blick abhandenkommt? Du hältst deine subjektive Sichtweise für die objektive Wahrheit und glaubst, das Pendel des Lebens schlage nur ins Negative.

Unverarbeiteter Stress vernebelt den Blick. Wissenschaftler weisen nach, dass Stresshormone im Gehirn jene Areale blockieren, die für strategisches Denken und überlegtes Handeln zuständig sind. Sie schalten die Fähigkeit aus, Kompliziertes zu verstehen, unterschiedliche Aspekte abzuwägen und langfristige Strategien zu entwickeln. Stehen wir unter Strom, fehlen uns hoffnungsfrohes Denken und zukunftsfähiges Handeln.

Wunderbarerweise entwickelt unser Körper eigene Kräfte, um aus diesen Tiefen herauszufinden. Die Natur unterstützt uns dabei. Bewegung in natürlichen Lichtverhältnissen mobilisiert Heilkräfte und hat schmerzlindernde Wirkung. Sie bessert unsere mentale Verfassung und wirkt ausgleichend auf das Gehirn. Der Blick in die Kronen der Bäume erhöht die Fähigkeit, wichtige Dinge zu fokussieren und sich zu konzentrieren. Zudem senkt ein Aufenthalt im Wald die Stresshormone Cortisol und Adrenalin und aktiviert den Ruhenerv, den Vagus. Er ist an der körperlichen Regeneration und der Beruhigung der inneren Organe beteiligt.

Das Gehen in der Natur überträgt den Rhythmus auf unser Denken. Langsames Gehen, Flanieren, Schlendern ruft intensive Sinneseindrücke hervor. Je geringer das Tempo, desto eher verlagert sich unsere Wahrnehmung auf die uns umgebende Umwelt. Nur wenn du dir Zeit nimmst, die Natur in Ruhe zu betrachten, trittst du mit ihr in Resonanz. Im Eilschritt durch den Wald laufend, flammen auch die

Gedanken nur kurz auf und verlieren sich im Überfluss der Bilder. Sie bringen dein Inneres nicht in Schwingung, sprechen deine Seele nicht an.

Erst wenn du dich als Teil des Ganzen empfindest, entwickelt sich in dir ein Gefühl von Zugehörigkeit und Dankbarkeit.

Ohne es zu beachten haben wir je nach Tätigkeit zwei verschiedene Formen der Konzentration. Unsere Arbeitskonzentration muss ein Ziel erreichen und eine Aufgabe lösen. Sie ermüdet uns auf Dauer. Unterschwellige Aufmerksamkeit entspannt. Sie beteiligt alle Sinne und entlastet das Bewusstsein. Bewegen wir uns in der Natur, arbeitet unser Gehirn mühelos und nebenbei auf Hochtouren. Die Konzentration entsteht im Unterbewusstsein. Sie fokussiert sich nicht auf eine Aufgabe, sondern lässt die Gedanken frei schweifen, im Kopf hin- und herwandern.

Im langsamen Gehen verbindet sich die innere Welt mit der äußeren. Wahrnehmung und Denken werden beweglich. Eine kleine Veränderung im Sehen oder Hören, und plötzlich werden wir Dingen gewahr, die vorher im Verborgenen lagen. Eine gedankliche Initialzündung, ein Wahrnehmungssprung stellt sich ein.

Die gewachsene Harmonie der Natur regt die Sinne an. Lassen wir uns auf sie ein, verwöhnt sie uns mit positiven Eindrücken. Die Gedanken klären sich, der Kopf wird frei. Eben noch genervt von Alltagsproblemen verbessert sich nebenbei die Stimmung.

Im Freien sind Verstand, Herz und alle Sinne beteiligt. Wir erleben Augenblicke der Schönheit, in denen die Welt sich in eine Ordnung fügt. Die Stimmigkeit der Natur bettet uns ein in das übergeordnete System. Wir erfahren Zugehörigkeit und Sinn. Das Gefühl von Verbundenheit begleitet uns seit Kindertagen. Geborgenheit und sichere Nähe sind wichtige Bausteine für Kinder, um sich angenommen zu fühlen, um sich in Freiheit gesund und psychisch stabil zu entwickeln. Dieses Bedürfnis bleibt in uns bestehen. Wir sehnen uns nach Verbundenheit mit uns selbst, mit Freunden und Familie, mit der Umwelt. Fühlen wir uns verbunden, handeln wir ausgeglichener, reagieren bei Überforderung angemessener. Auf neurobiologischer Ebene funktionieren Begegnung und Bindung sehr ähnlich. Wie bei der Begegnung mit einem geliebten Menschen schüttet unser Gehirn beim Aufenthalt in der Natur das Bindungshormon Oxytocin aus. Dieses führt zu positiven Wirkungen im Organismus. Bisher wurde das Hormon nur im Zusammenhang mit zwischenmenschlicher Beziehung erforscht. Unsere Einbindung in das Netzwerk des Lebens birgt hier noch unentdeckte Geheimnisse.

Im Augenblick verweilen

Körper und Seele brauchen Natur. Sie gibt uns die Möglichkeit, eine Weile ohne Aufgabenliste und Zweckgebundenheit zu verbringen. Wir atmen tiefer und spüren intuitiv: Eintauchen ins Grün tut unmittelbar gut.

Nimm dir Zeit und Muße,
einen Baum, einen Stein oder ein Moospolster
eingehend zu betrachten.
Versenke dich in den Anblick.

Ertaste die Strukturen, die Temperatur der Oberfläche;
nimm die Gerüche wahr, lausche dem Waldkonzert.
Setze alle Sinne ein.
Im Verweilen entsteht eine innere Schwingung,
ein feines Gefühl, das etwas zum Klingen bringt.
Aus diesen intensiven sinnlichen Momenten
nimmst du Ausgeglichenheit und Ruhe mit.

Spüre die Veränderung deines inneren Tempos.
Tauche ein in die Stille.
Vertiefe deine Aufmerksamkeit.
Spüre die Kraft,
die du aus kurzen Momenten der Ruhe
mitnimmst in deinen Alltag.
Entdecke den Wald als deinen Glücksort.

Achtsamkeit
ist eine Haltung.
In der Natur
sind wir ihr näher.

▶ *Sinnlich unterwegs:*
Hörspaziergang 8 auf der CD.

Im Wald baden?

Waldbaden ist ein neuer Begriff, den wir vor wenigen Jahren noch gar nicht kannten und der heute fast schon ein Modewort ist. Was steckt dahinter?

In Japan hat das Waldbaden eine lange Tradition. Der dort verwendete Begriff *Shirin Yoku* bedeutet »Einatmen der Waldatmosphäre«. Wissen über die Heilung aus der Natur findet sich auch in der Volksmedizin in Süd- und Nordkorea und in der Traditionellen Chinesischen Medizin. Ergebnisse japanischer Studien belegen, dass der Aufenthalt in Wäldern zu Veränderungen im menschlichen Organismus führt. Japanische Ärzte integrieren seither den Kontakt mit der Natur in ihr therapeutisches Angebot. Firmen schicken ihre Mitarbeiter einige Tage in den Wald. Sie lernen dort Entspannungstechniken, nehmen die Natur mit allen Sinnen auf und lassen sie auf sich wirken. Die Wirksamkeit ist so weit anerkannt, dass japanische Krankenkassen die Kosten übernehmen.

Wir spüren selbst die wohltuende Wirkung eines Spaziergangs auf den Körper. In Untersuchungen sind diese Auswirkungen sogar messbar: Stresshormone sinken, die Atem- und Herzfrequenz beruhigt sich, die Haut wird besser durchblutet, die Leistungsfähigkeit steigert sich. Beeindruckend ist die positive Wirkung auf unser Immunsystem: Schon auf kurze Waldspaziergänge reagiert unser Immunsystem mit Aktivierung und Vermehrung wichtiger Abwehrzellen. Diese Killerzellen sind befähigt, an der Oberflächenstruktur einer Körperzelle Veränderungen durch Viren im Innern der Zelle zu erkennen. Sie produzieren daraufhin Eiweißstoffe, die sie an der Oberfläche der befallenen Zelle absetzen. Diese mikroskopisch kleinen Teilchen dringen in die Zelle ein und veranlassen das Absterben der befallenen Zelle. Mit dieser Selbstzerstörung endet auch die Vermehrung der Viren über die befallene Zelle. Auf gleiche Weise werden auch andere entartete Zellen vernichtet und schwere Folgekrankheiten verhindert. Blutproben vor, während und nach dem Aufenthalt im Wald belegen, dass mehr und in ihrer Wirkung aktivere Killerzellen entstehen.

Waldbaden hat nun auch bei uns Einzug gehalten. Ausgebildete Natur-Coaches und WaldpädagogInnen bieten Auszeiten im Wald an. Sie tauchen in ihren Kursen mit allen Sinnen ein in die Atmosphäre des Waldes. Gemeinsam wandeln, sich treiben lassen, atmen, lauschen, tasten, schnuppern, allein ausschwirren, um Erfahrungen zu machen, wieder zusammenkommen für den Austausch. Waldbaden ist eine Einladung, im Moment achtsam und präsent zu sein, wieder mehr zu verlangsamen, den eigenen Körper zu spüren. Sich frei fühlen ohne Leistungsdruck, ohne Richtig oder Falsch. Sich auf eine Sinnesreise begeben, ohne Ziel und festes Programm. Abtauchen in den Wald, um erfrischt wieder aufzutauchen.

Weder die Ausbildung noch der Begriff »Waldbaden« sind rechtlich geschützt. Kurse oder Waldtage kann jeder anbieten. Es lohnt sich daher, sich über die Qualifikation der KursleiterInnen zu informieren und die Angebote zu vergleichen. Zum Teil sind diese inzwischen auch als Präventionsmaßnahmen anerkannt.

Entscheide für dich, ob du zur Inspiration an einer angeleiteten Auszeit teilnehmen magst. Sie kann ein guter Einstieg sein, den Wald näher kennenzulernen. Vielleicht fühlst du dich zunächst in der Gruppe wohler als allein, kannst Ängste oder Vorbehalte ablegen, im Miteinander Vertrauen aufbauen.

Für eine tiefer gehende und dauerhafte Wirkung ist es wichtig, deinen individuellen Rhythmus zu finden und regelmäßige Auszeiten im Wald in deinen Alltag einzubauen. Lieber mehrmals in der Woche unter Bäumen eine kurze Auszeit als ein einmaliges, angeleitetes Wochenende.

Gehe in den Wald, weil es dir guttut.
Der Wald ist der Heilkundige.
Gehe allein oder in der Gruppe.
Probiere aus, was dir mehr zusagt.
Finde den für dich stimmigen Weg,
nur dann öffnet sich dir
die Kraftquelle der Natur.

ORIENTIERUNG FINDEN

Kennst du deinen sechsten Sinn?

Sehen, Riechen, Hören, Schmecken und Fühlen sind die fünf klassischen Sinne. Sie verschaffen uns den Zugang zur Welt, indem sie sich nach außen öffnen.

Mit Augen, Nase und Ohren nehmen wir Licht, Geruch und Geräusche wahr. Die Nervenbahnen leiten Reize und Signale weiter an das Gehirn, das sie verarbeitet.

Entgegen der weitläufig verbreiteten Meinung ist der sechste Sinn keine geheimnisvolle Vorahnung, sondern das Vermögen zur Eigenwahrnehmung des Körpers. Ohne die Überprüfung durch das Auge verfügen wir über räumliche Orientierung und Körperbalance. Wir wissen ohne hinzuschauen, wo sich unsere Körperteile befinden und wie sie sich zueinander verhalten. Wir koordinieren die Beine im Gehen, schwingen die Arme im Rhythmus, halten den Kopf aufrecht oder drehen ihn hin zu einer Geräuschquelle. Jede Bewegung eines Körperteils kontrollieren wir von innen heraus. Neurowissenschaftler nennen diese Fähigkeit Propriozeption.

Die Eigenwahrnehmung bezieht ihre Informationen ausschließlich aus dem inneren Zustand des Körpers. Rezeptoren in Muskeln und Gelenken reagieren auf Druck oder Verformung. Sie übermitteln Informationen an das Gehirn. Dieses leitet Entscheidungen ab und sendet Befehle über Nervenbahnen. In der Folge bewegen Muskeln den angesprochenen Körperteil und verändern seine Position. Tagtäglich wiederholen wir diese Vorgänge unzählige Male, ohne sie zu beachten. Tausendfach ändern wir unsere Kopfposition, spannen Muskelgruppen an, balancieren das Gleichgewicht aus. Ohne diese Tiefensensibilität fehlt uns jegliche Empfindung für Lage und Haltung des eigenen Körpers, für unsere Bewegung im Raum. Unter

Alkoholeinfluss verlieren wir die Koordination und spüren erst dann, wie wichtig sie ist.

Die Eigenwahrnehmung verfügt nicht über ein spezielles Organ. Sie erfordert die komplexe Verarbeitung von Signalen aus dem Innenohr und weiteren Signalen der Nerven. Das Innenohr reguliert das Gleichgewicht über flüssigkeitsgefüllte Kammern. Drehen wir unseren Kopf, bewegt sich die Flüssigkeit und übt veränderlichen Druck auf die Nerven aus. Im schnellen Kreiseln des Karussells taumelt dieses empfindliche System. Wir werden schwindelig und verlieren die Orientierung.

Spezifische Nerven im Körper koordinieren sowohl die Position der ruhenden Körperteile als auch das Empfinden für den Körper in Bewegung. Fachleute benennen diese Vorgänge als statische und dynamische Wahrnehmung.

Auch ein Baum verfügt über beide Fähigkeiten der Eigenwahrnehmung. Der Baum ist sich seiner Zweige gewahr. Er unterscheidet zwischen oben und unten, richtet seine Wurzeln zum Erdmittelpunkt aus und verändert in Hanglagen die Wuchsrichtung.

Die Zellen an der äußersten Spitze der Wurzel nehmen die Schwerkraft wahr. Sie übermitteln dem Baum das richtungsgebende Signal, um nach unten zu wachsen. Zudem fördert ein pflanzliches Hormon an der Wurzelspitze das Wachstum und aktiviert das Aufwärtswachsen der Triebe.

Weitere Zellen zur Wahrnehmung der Schwerkraft verteilen sich in den oberirdischen Triebspitzen. Sie lassen den Baum senkrecht nach oben streben.

Diese verschiedenen Gewebearten an Wurzeln und Trieben entsprechen unserem komplexen System der Eigenwahrnehmung im Innenohr. Unter Laborbedingungen der Schwerelosigkeit fehlen den Pflanzen die Informationen, um ihre Triebe und Wurzeln auszurichten. Hier verlieren auch sie ihre Orientierung. Es ergeht ihnen wie Astronauten im Weltraum.

Widerstreitende Signale befähigen den Baum, sich in seiner Umgebung in die für ihn optimale Position zu bringen. Schräg einfallende Sonnenstrahlen verändern die Wuchsrichtung der Triebe, während gleichzeitig die Schwerkraft die Wurzeln nach unten zieht. Kontinuierlich überprüft der Baum seine Position und Wuchsrichtung und stimmt sie auf sein Umfeld ab.

Forscher stellen fasziniert fest, dass Mensch und Baum sehr ähnlich auf die Schwerkraft reagieren. Beide verlassen sich auf ihre Sensoren, die sie über Lage und Ausrichtung ihrer Körperteile informieren. Beide wissen, wo sich ihre Körperteile im Verhältnis zueinander befinden, und halten sie im Gleichgewicht.

In der Natur sein.
Unabhängig sein
von der Abhängigkeit,
von Strom, Netz und Medien.
Sich ein Stück Freiheit nehmen.

▶ *Sinnlich unterwegs:*
Hörspaziergang 7 auf der CD.

Den Körper spüren

Höre dir selbst zu, ehe du zu anderen sprichst. Dein Körper mit all seinen Sinneswahrnehmungen ist dein Instrument der Wahrnehmung. Dein Körper ist dein Lebensraum. Mit wahrnehmender Körperarbeit, wie z.B. beim Yoga, Tai-Chi, Pilates, Feldenkrais, in der Alexander-Technik, im Tanz, lernst du diese Fähigkeit zu vertiefen.

Achtsames Beobachten der eigenen Körperempfindungen ist der Schlüssel zu jeder Veränderung. Feine Regungen wahrnehmen, den Fluss des Atems spüren, die Veränderungen der Körperempfindungen, der Emotionen, der Gedanken. Kennst du die Signale deines Körpers, kannst du dich ihnen öffnen, sie zulassen, sie aufgreifen, um Wandel zu ermöglichen.

Über den Körper verankerst du dich im Hier und Jetzt. Spürst du deinen Körper, dann bist du im Augenblick präsent. Der Kopf driftet ständig ab. Gedanken strömen unaufhörlich ein. Jedes Grübeln über die Vergangenheit, jedes Vordenken der Zukunft bringt dich weg vom Erleben des aktuellen Moments. Einzig im wachen Selbstkontakt bist du im Körper verankert. Dieser Moment der Verbundenheit mit dir selbst intensiviert das Erleben und stärkt dich gegen äußere Einflüsse. Aus deiner Mitte heraus baust du alle Beziehungen zu deiner Mitwelt auf. Jeder Innenkontakt stabilisiert den Außenkontakt. Du findest (wieder) Zugang zu deiner Intuition, die dir immer die für dich stimmige Richtung zeigt. Dein Herz kennt den Weg.

Im Erleben der eigenen Spannung kannst du deinen Körper in die Entspannung führen. Im Liegen, beim Einschlafen, aber auch im Sitzen bei der Meditation nehmen wir den Übergang zur Entspannung deutlich wahr. Seltener spüren wir die körperliche Anspannung in unseren alltäglichen Situationen. Tauchst du auch in diesen Momenten in dein Fühlen ein, kannst du dem automatischen Gedankenstrom Energie entziehen und seine Richtung ändern.

Erkunde mit einer einfachen Körperübung, wie Anspannung im Körper dir Luft und Weite im Atem nimmt:
Stelle dich aufrecht hin
und drücke die Knie kräftig nach hinten durch.
Bleibe eine Weile in dieser Anspannung.
Lasse dann achtsam die Knie locker.
Die Beine bleiben gestreckt, sind aber entspannt.
Wiederhole Anspannung und Entspannung mehrere Male.
Beobachte deinen Atem.

Lausche in dich hinein.
Wie wirkt sich die Anspannung der Knie
auf deinen Raum im Körperinneren aus?
Fühlst du die Enge,
die sich aus der Spannung der Knie bis in den Bauchraum zieht?
Fühlst du die Weite,
die sich im Loslassen im Körper ausbreitet?
Spürst du ihre wechselseitige Beeinflussung?

Anspannung im Körper engt dich ein.
Sie kostet zusätzliche Kraft,
nimmt dir Raum zum Atmen, Raum zum Denken.
Sie schränkt deine Bewegungsfreiheit ein.
Loslassen führt zur Entspannung,
lässt die Energien wieder fließen.

Übe dich in der Eigenwahrnehmung deines Körpers.
Spüre in deinem Alltag Situationen auf,
die dich in Anspannung halten.
Versuche bewusst, innere Spannung
durch körperliches Entspannen abzugeben.
Kontrolle ist Anspannung, Hingabe ist Entspannung, immer.

Erkenne die Wechselwirkung.
Finde eine Balance zwischen Anspannung und Entspannung,
finde die Kraft der Mitte.

Spiele im Alltag mit dieser für andere kaum sichtbaren Übung,
während du auf den Bus oder die U-Bahn wartest.
Setze die Übung in angespannten Situationen bewusst ein,
bevor du eine Präsentation hältst oder ein Meeting leitest.
Oder immer dann, wenn dir etwas die Luft zum Atmen nimmt.

Blind Date

Wie fühlst du dich, wenn dein am meisten genutzter Sinn ausfällt?

Diese Erkundung ist eine Partnerübung, die ihr abwechselnd bei einem gemeinsamen Spaziergang ausprobieren könnt. Eine(r) ist die oder der Führende. Die Partnerin, der Partner schließt die Augen und lässt sich führen, an der Hand oder von hinten an den Schultern.

Einer übernimmt Verantwortung für den anderen. Wer führt, muss sich selbst trauen, um das Vertrauen des anderen zu gewinnen; muss sicher sein, um dem Partner Sicherheit zu vermitteln; muss entspannt sein, um dem anderen Entspannung zu ermöglichen.

Mit Wegfall des Sehsinns verlagert sich die Wahrnehmung auf die übrigen Sinne.
Wie fühlt sich der Untergrund an, auf den ich meinen Fuß setze?
Kann ich mich einlassen auf die Verunsicherung?
Traue ich meinen Sinnen? Trägt mich mein Vertrauen?

Welche Geräusche nehme ich wahr?
Was sagt mir die Geräuschkulisse über meine Umgebung?

Welche Aromen rieche ich?

Wie erlebe ich das Licht durch die geschlossenen Augen?
Spüre ich den Wechsel von Licht und Schatten?

Ahne ich den Raum? Spüre ich Weite oder Enge?
Nehme ich anders oder intensiver wahr?

Wage ein Blind Date.
Vertraue deinen Sinnen,
deinem Körper, deinem Partner.

STABILITÄT DURCH VERÄNDERUNG

Erdverbunden und himmelsnah sind Bäume unsere Verbindung zwischen Vergangenheit und Zukunft. Große, beeindruckende Exemplare ziehen uns in ihren Bann. In Wäldern, Parks oder Gärten suchen wir sie immer wieder auf. Sie strahlen Kraft aus, die wir spüren. Sie erden uns. Manche begleiten uns seit der Kindheit. Wenn wir sie nach Jahren an einem Abzweig unseres Schulwegs wiedersehen, sind wir erstaunt und erfreut zugleich. Die Umgebung ist nicht mehr wie früher, doch der Baum scheint unverändert.

Was bedeuten dir Bäume?
Gibt es einen Baum, an den du besondere Erinnerungen knüpfst?

Alte Bäume sind ein Sinnbild für Beständigkeit.

Unsere Waldbäume sind oft über 100 Jahre alt. Ihr potenzielles Lebensalter liegt hingegen bei mehreren hundert Jahren, sofern sich ihre Standortbedingungen nicht grundsätzlich verändern. Das Geheimnis ihres Alterns liegt im biologischen Netzwerk. Über Jahrzehnte unterhalten Bäume ein bewegliches und aufmerksames Netz aus Wechselbeziehungen. Ändert sich ein Faktor im Beziehungsgeflecht, wird an anderer Stelle nachreguliert.

Einschneidende Veränderungen bringen das sorgsam austarierte Gleichgewicht eines Baumes in Schieflage. Der Verlust des Nachbarbaumes verändert grundlegend die Standortbedingungen. Die Krone erhält plötzlich mehr Licht. Der Baum nutzt die Gelegenheit. Er steigert seine Fotosynthese und verstärkt das Wachstum. Statt wenige Zentimeter pro Jahr legen die Zweige nun einen halben Meter zu. Unter konstanten Umweltbedingungen schließt der Baum nach einigen Jahren die Lücke im Kronendach. Danach legt er eine Ruhepause ein. Er profitiert von der vergrößerten Krone und findet sein natürliches Gleichgewicht wieder.

Die Phase des erhöhten Wachstums kostet den Baum Kraft. Sie fehlt ihm für die Abwehr von Krankheiten. Tritt nun ein weiterer Schaden ein, greifen Insekten, Pilze, Bakterien und Viren den geschwächten Baum an. Im schlimmsten Fall führen sie zum Absterben des Baumes.

Die Stabilität im Ökosystem ist immer eine Momentaufnahme. Das Leben pendelt innerhalb einer Amplitude um verschiedene Ungleichgewichtszustände, die sich gegenseitig ausbalancieren. Beziehungsgeflechte sind die Grundlage aller natürlichen Prozesse. Ihre Einzelfaktoren sind vielfach miteinander verschränkt. Sie regeln sich gegenseitig. Zahlreiche natürliche Ordnungsprozesse laufen nach dem immer gleichen Muster ab. In Augenblicken der Instabilität entsteht Offenheit für etwas Neues. Änderungen von einzelnen Bedingungen lösen alte Ordnungen. Das System wird instabil und bricht zusammen. Neue Ordnungen entstehen. In diesen Momenten kommt das Unvorhersehbare ins Spiel.

Zufälle öffnen ungeahnte Potenziale für Entwicklung. Mit dem Zusammenbruch des alten Systems entsteht etwas völlig Neues. Experimente der Quantenphysik belegen, dass der Zufall bei der Entstehung der Materie eine tragende Rolle spielt. Mathematiker stellen Gleichungen für diese Vorgänge auf und berechnen ihre Regelmäßigkeiten.

Was hat das mit deinem Leben zu tun?

Jeder Zufall ist ein Ereignis, das ohne nachvollziehbaren Grund eintritt. Die Ursache kennen wir nicht. Zufälle laufen außerhalb unserer Kontrolle ab, und doch sind sie ein gestaltendes Element in der Entwicklung des Neuen.

Zufälle formen und entwickeln die Zukunft. Sie ereignen sich in instabilen Situationen und spielen uns neue, bisher ungeahnte Möglichkeiten zu. Sie sind ein wichtiger Baustein für Veränderungen. Zufälle treten immer und überall mit mathematischer Sicherheit auf. Nehmen wir diese Erkenntnis an, bleibt uns nur eine Gewissheit:

Zufall.
Etwas fällt uns zu.
Nicht ohne Grund
sind wir offen
für diesen Moment.

Es gibt keine dauerhafte Sicherheit, keinen statischen Zustand. Ein Streben nach Balance, nach innerem Gleichgewicht ist immer eine Momentaufnahme. Jeder Augenblick ist ein kleiner Ausschnitt im großen Beziehungsgefüge.

Obwohl Zufälle jenseits unserer Kontrolle ablaufen, haben wir die richtigen Antennen für genau die Zufälle, die in unser Leben passen. Auf unsere Intuition ist Verlass. Was uns nichts angeht, erreicht uns auch nicht. Es fällt uns nicht zu.

Vertraue darauf, dass dir in instabilen Situationen der Zufall neues Potenzial zuspielt.

Daraus entwickelst du die für dich passende Lösung.

Lass dich tragen von der dynamischen Bewegung des Lebens.

Nimm sie an.

▶ *Sinnlich unterwegs: Hörspaziergang 5 auf der CD*

Den Raum spüren

Leben ist Veränderung. Alle Lebewesen stehen im Austausch mit ihrer Umgebung. Sie nehmen Stoffe aus der Umgebung auf, wandeln sie um, geben andere Stoffe wieder an die Umgebung ab. Vor allem Pflanzen sind dabei abhängig von ihrem Standort. Dieser versorgt sie mit Licht, Wasser und Nährstoffen. Das Zusammenspiel aller Faktoren wirkt sich auf ihr Gedeihen aus. Auch wir können uns den Einflüssen unserer Umgebung nicht entziehen. Wir kennen Orte, die uns energetisch aufladen und beflügeln sowie andere, die unsere Stimmung dämpfen. Woran liegt das?

Mit unserem Körper und mit allen Sinnen nehmen wir die Atmosphäre eines Ortes auf. Sie kann positiv oder negativ sein, schön oder hässlich, kann lebendig sein oder trist und langweilig. Dies gilt für alle uns umgebenden Räume, innen wie außen, mit oder ohne Dach, der gebaute Raum in der Stadt, unser Büroraum, unser Zuhause, unser Lieblingscafé, der öffentliche Stadtraum, Garten und Park, der Wald.

Jeder dieser Räume hat eine ihm eigene Atmosphäre. Es gibt keinen Raum ohne Ausstrahlung. Egal, wo wir uns aufhalten, jeder Ort wirkt ein auf unser emotionales Empfinden, eine Wechselbeziehung zwischen der Qualität der Umgebung und unserem Grundgefühl. Betreten wir einen Raum, verändert sich unmittelbar unsere Stimmung. Noch bevor unser Gehirn die Lage geprüft hat, fühlen wir uns wohl oder unwohl, genau wie es uns beim ersten Zusammentreffen mit einem Menschen ergeht.

Atmosphäre beeinflusst unser Empfinden, auch wenn wir im Alltag weder unsere Aufmerksamkeit noch unseren Blick bewusst auf unser Umfeld richten. Selbst beiläufig Bemerktes ist gegenwärtig. Das intuitive Gespür ist immer präsent.

Unendlich viele sichtbare und unsichtbare Facetten bestimmen die Atmosphäre eines Raumes, eines Ortes, einer Landschaft. Das Ergebnis, die Gestimmtheit des Raumes, ihr versteckter Einfluss auf unsere Stimmung, ist mit Worten oft schwer zu umschreiben. Am Beispiel der Musik ist dieser Effekt leichter nachvollziehbar: Musik vermittelt eine emotionale Schwingung, sie hebt unsere Stimmung oder drückt aufs Gemüt. Ganz ohne Worte und ohne musikalisches Fachwissen spüren wir intuitiv, wie Musik auf uns wirkt und unsere Stimmung beeinflusst. Nicht anders verhält es sich mit der Atmosphäre der uns umgebenden Räume. Sie wirkt ein auf unser Gestimmtsein, auf unseren Körper, unseren Geist und ja, auch auf unsere Seele.

Lerne, deinen Körper im Raum zu spüren.
Beobachte dich beim Gehen im Wald.
Spüre den Raum, der dich umgibt.
Wie erfährst du dich in Bezug auf den Raum?
Wo gehst du eher schnell, wo gehst du gern langsam?

Wie viel Raum brauchst du, um dich wohlzufühlen?
Welche Begrenzung braucht der Raum?
Welche Enge ist dir angenehm?
In welcher Weite fühlst du dich verloren?
Wie viel Schutz brauchst du?
Spüre deine Größe, deine Weite, deinen Körper im Raum.

Nimmst du dir den Raum, den du brauchst?
Markiere mit deinen Armen und Beinen deinen Körperraum:
Strecke die Arme nach oben.
Breite beide Arme nach rechts und links aus.
Nimm den Raum zwischen Armen und Boden wahr.
Kreise beide Arme langsam vor und zurück.
Folge mit den Augen den Händen und schaue, welchen Raum du dir absteckst.

Hebe und senke ein Bein. Variiere den Raum zwischen Bein und Boden. Spüre die Zwischenräume.

Führe alle Bewegungen im Gehen aus.
Beobachte, wie Bewegung die Beziehung zum Raum verändert.
Spüre deine Ausdehnung.
Schenkst du dir im Alltag den Raum, den du brauchst,
oder machst du dich klein und engst dich ein?

Erkenne, wie Körper und Raum untrennbar miteinander verbunden sind. Leite daraus wichtige Informationen für dein Wohlbefinden ab:

Bist du in dir selbst verankert, spürst du deine körpernahen Räume.
Zudem spürt dein Körper sein Umfeld.
Somit nimmst du bewusst wahr, welche Räume dir guttun.
Zugleich spürst du die Atmosphäre deiner Umgebung.

Diese Fähigkeit bringt dich aktiv zum Handeln. Das umfassende Raumbewusstsein stärkt dich. Lösen Situationen Unbehagen oder Unwohlsein aus, beobachtest du den Raum, seine Atmosphäre, deine Lage im Raum. Fast immer kannst du deine eigene Position im Raum verändern. Oder du verlässt den Raum, um deine Gefühle zu ordnen. Spüre nach, wie sich dein Empfinden verändert.

Der Wald schenkt dir Freiraum, um dich darin zu üben. Körper- und Raumbewusstsein verbessern langfristig dein Wohlbefinden.
Du gewinnst Ausstrahlung.
Deine Präsenz im Raum erreicht, berührt
und bewegt andere.

Frei-Raum finden.
Sich Raum nehmen.
Im Freien die
Begrenztheit des
Alltags ablegen.

Herbstreife

Bezaubernd. Strahlend. Schön. In der Fülle reifender Früchte, Ähren und Samen strahlt die Natur im Herbst Vitalität und Lebensfreude aus. Septemberlicht überzieht alles mit einem goldenen Schimmer. Noch verwöhnt uns die milde Sonne mit warmen Tagen. Schrittweise verabschieden wir uns von der lieb gewonnenen Helligkeit des Sommers. Die Tage werden merklich kürzer, jeden Tag verlieren wir einige Minuten Tageslicht. Wie im Frühling erleben wir am Herbstanfang einen Ausgleich der Kräfte von Licht und Dunkel. Die Tag- und Nachtgleiche stellt einen Übergang dar, jetzt in den dunklen Teil des Jahres.

Herbstfarben stürzen in Wald und Garten. Laubgehölze leuchten nochmals auf. Ihre Farbschattierungen von Gelb, Orange und Rot sind ebenso eindrucksvoll wie die Explosion des Grüns im Frühjahr. Mit der Herbstfärbung beginnt der Rückzug der Natur. Der Baum zerlegt den grünen Blattfarbstoff und führt alle wertvollen Substanzen zurück in sein Stammholz. Für uns sichtbar verbleiben rote und gelbe Farbstoffe in den Blättern, ehe der Baum sie abwirft. Der Laubfall beendet die Vegetationszeit. Die Natur geht mit Schönheit und Anmut in eine Ruhephase.

Der Witterungsverlauf mit zunehmend trockenen und heißen Sommern ist auch für Bäume fordernd, anstrengend und bedeutet Stress. Mit Beginn der Winterruhe reduziert der Baum seine Stoffwechselprozesse, stellt sein Wachstum ein. Die Energien der Natur richten sich wieder nach innen. Sie pausieren bis zum Austrieb im Frühjahr.

Folge dem Rhythmus der Natur.
Gehe mit, stetig und langsam.

Überträgst du den natürlichen Energiefluss in dein Leben,
fordert der Herbst dich auf zu Regeneration und Ruhe.
Finde eine Balance zwischen innen und außen.
Pausiere. Gehe in die Tiefe. Gönne dir Muße.

Bereite dich im Herbst vor auf die Winterzeit.
Nutze deine Zeit für Reflexion und Planung.
Entwerfe deinen Neustart für das Frühjahr.
Deine Gedanken haben gestaltende Kraft.
Ersinne Ziele und Lebenspläne neu, nur so blühen sie auf.

Blicke zurück auf die geschäftige Zeit des Jahres.
Welche Saat hast du im Frühjahr gelegt?
Welche Früchte sind daraus gereift?
Welche Träume oder Projekte blieben auf der Strecke?

Loslassen. Wie der Baum seine Blätter.
Überlege, was du loslassen kannst, um dich zu erleichtern.
Wovon kannst du dich befreien?
Wovon möchtest du dich verabschieden?

Manchmal werden uns Abschiede aufgezwungen. Gerade dann ist es sinnvoll, die natürlichen Kreisläufe zu verinnerlichen. Natur verläuft stets in wiederkehrenden Kreisläufen, steht nie still. Nehmen wir die natürlichen Vorgänge an, akzeptieren wir eher ihre Wellenbewegungen, ihr Auf und Ab, ihre hellen und dunklen Seiten.

Die Jahreszeiten sind für uns gut ablesbare Zyklen der Natur. Tatsächlich gibt es weitere Zeitzyklen, die sich stets regelmäßig wiederholen und uns beeinflussen. Die Tage haben wir in 24 Stunden gegliedert. Zugleich haben sie natürliche Rhythmen und variieren zwischen Sonnenaufgang und -untergang täglich in der Dauer von Helligkeit und Dunkelheit. Mondphasen umfassen in etwa den Zeitraum eines Kalendermonats. Ihr Beginn am Neumond und ihr Höhepunkt am Vollmond folgen dem natürlichen Rhythmus. Sie alle schwingen trotz Uhr und Kalender in unserem Unterbewusstsein mit.

Fühlst du dich ein in die natürlichen Rhythmen, kannst du ihre Energiepotenziale für dich nutzen. Je mehr du dich einlässt auf die Wellenbewegung, desto besser trägt sie dich. Auf der Welle zu schweben ist deutlich leichter als gegen sie anzuschwimmen.

GEGEN DEN NOVEMBERBLUES

Es gibt diese Tage. Der Himmel ist grau und hängt so tief, dass er uns erdrückt. Zu keiner Stunde ist es richtig hell. Regen mischt sich ein, und nichts zieht uns nach draußen. Gerade an diesen Tagen ist es wertvoll, trotzdem eine kleine Runde zu drehen. Selbst an einem trüben Wintertag stimulieren 2500 Lux unsere Lichtrezeptoren. Das elektrische Licht im gut beleuchteten Zimmer bietet uns nur 300 Lux.

Unser Auge braucht Helligkeit und das natürliche Tageslicht. Im Alltag richten wir unsere Blicke auf Bildschirme und Textseiten und beschränken uns auf das Sehen in kurzer Distanz. Es mangelt uns an Blicken in die Ferne. Genau genommen fehlt dem Sehnerv der stete Wechsel zwischen nah und fern. Das Anpassen des Auges an unterschiedliche Entfernungen trainiert den Sehnerv und erhält die Sehkraft.

Wissenschaftler beobachten in den letzten Jahren eine Zunahme von Kurzsichtigkeit. Sie machen dafür auch die häufige Nutzung von Bildschirmen verantwortlich. Natürliches Tageslicht wirkt ein auf das Wachstum des Augapfels und kann Kurzsichtigkeit eindämmen.

Brauchst du mehr Gründe für einen Novemberspaziergang?

Unsichtbar, aber nachweisbar wirken Bäume und Waldluft positiv auf unsere Gesundheit. Im Wald nehmen wir über Lunge und Haut bioaktive Pflanzenstoffe auf, die unsere Abwehrkräfte stärken. Blätter und Rinde geben gasförmige Substanzen ab, über die sie Botschaften austauschen. Die Kommunikationsmoleküle gehören in die Stoffgruppe der Terpene. Ihre chemischen Verbindungen sind sekundäre Pflanzenstoffe und Hauptbestandteil von ätherischen

Ölen, für uns leicht wahrnehmbar im würzigen Duft von Tannen, Fichten oder Kiefern.

Im Sommer ist die Konzentration der Terpene am höchsten. Sie steigt nach Regen oder bei Nebel weiter an. Insbesondere die Borke der Bäume ist eine reichhaltige Quelle für Terpene. Tragen die Bäume im Winter kein Laub, strömen die gasförmigen Stoffe fast ausschließlich aus der Borke.

Manche von ihnen nimmt unsere Nase wahr, viele bleiben unserem Geruchssinn verborgen. Einige dieser Terpene treten in Austausch mit unserem Immunsystem, dann steigt die Zahl der Abwehrzellen im Blut an. Zudem sind die Zellen deutlich aktiver als zuvor. Sie machen Viren im Körper unschädlich und bekämpfen gefährliche Körperzellen. Bereits nach kurzen Spaziergängen sind die Heilkräfte im Blut nachweisbar. Verbringen wir einen ganzen Tag im Wald, hält der gesundheitsfördernde Effekt sieben Tage lang an.

Skeptiker sehen darin eine moderne Spinnerei. Eher gilt das Gegenteil und es ist ein Perspektivwechsel angebracht: Nicht die Stärkung des Immunsystems durch bioaktive Pflanzenstoffe ist eine neue Errungenschaft. Es ist der Mangel an diesen Stoffen, der heute zu einer Schwächung führt.

Evolution ist Veränderung und Anpassung von Lebewesen an ihre Umwelt. Davon sind auch wir nicht ausgenommen. Wir blicken auf eine Entwicklung von vier Millionen Jahren, in denen sich unser Immunsystem aus der Natur, in der Natur und im Wechselspiel mit der Natur entwickelte. Wir haben uns angepasst an unseren Lebensraum, an Bäume, Sträucher, Gräser und Erde. Wir waren und sind noch immer untrennbar mit der Natur verbunden. Das Immunsystem ist ein aktives Sinnessystem, kommunikativ und wandlungsfähig. Die bioaktiven Pflanzenstoffe haben sich im Laufe der Entwicklung in unsere Körperfunktionen integriert. Mit zunehmendem Aufenthalt in geschlossenen Räumen entziehen wir uns den natürlichen Wirkstoffen. Im fehlenden Naturkontakt wird daher Mitverantwortung für Zivilisationskrankheiten und psychische Erkrankungen gesehen.

Grund genug, sich bei jedem Wetter in die Nähe von Bäumen zu begeben. Eingebettet in die lebendige Vernetzung werden wir wieder Teil der natürlichen Kreisläufe. Genieße die gesundheitsfördernde Aromatherapie duftender Blätter, Nadeln und Hölzer und lächle den Novemberblues weg …

Helle deine Stimmung auf

Stelle dich aufrecht hin,
die Füße hüftbreit auseinander.
Deine Fußspitzen zeigen nach vorne.

Bringe dein Becken in Mittelstellung.
Spüre die Schwerkraft des Körpers
gleichmäßig auf beiden Füßen.
Verteile dein Gewicht jeweils auf drei Fußpunkte:
auf die Mitte der Ferse,
auf die Fußballen innen und außen.

Halte deinen Kopf gerade,
richte den Blick weit in die Ferne
und lächle.

Lächeln ist ein Zaubermittel.

Beim Lächeln senden die Muskeln
eine positive Botschaft an das Gehirn,
auf die wir bejahend reagieren.
Lächeln versetzt uns in optimistische Stimmung.

Wir senden hoffnungsfrohe Signale
und stecken unsere Mitmenschen an.
Wir empfinden weniger Stress
und gehen unsere Aufgaben positiver an.

Mit der Messung von Herzfrequenz und Blutdruck
weisen Psychologen nach, dass auch ein aufgesetztes
oder unbewusstes Lächeln Erfolg bringt.
Selbst ein mit den Lippen gehaltenes Stäbchen,
das den Mund automatisch zu einem Lächeln zieht,
erzeugt dieselbe Wirkung.

Seit sie diese Erkenntnisse erforscht hat,
erledigt die Psychologin Tara Kraft
ihre anstehenden Aufgaben gern
mit einem Stift zwischen ihren Lippen!

Wage ein Lächeln,
gleich jetzt beim Lesen,
alleine auf deinem Spaziergang,
oder lächle andere an.

Hole dir ein Lächeln in deinen Tag.

Waldkraft für zu Hause

Die Erkenntnis über die gesunden Wirkkräfte von Pflanzen und Wäldern sind keine neue Modeerscheinung. Bereits aus der Antike ist Wissen über heilkräftige Orte, Kräuter- und Waldmedizin bekannt. So wurden im antiken Griechenland Kranke zur Heilung in die Wälder geführt. Das Wirken der Benediktinerin Hildegard von Bingen (1098–1179) im Mittelalter ist bis heute in der ganzheitlichen Hildegard-Medizin anerkannt. Sie schreibt über *Viriditas*, die Grünkraft des Lebens. In der Farbe Grün sieht Hildegard eine naturgegebene Lebenskraft und heilbringende Kraftquelle. Sie vertraut auf die Einheit von Körper und Seele, die die lebensnotwendige Grundlage jeder Heilung ist. In ihren Schriften finden sich auch Hinweise zur Heilkraft heimischer Bäume, wie Weißtanne, Fichte und Kiefer. Der Weißtanne ordnet sie warme Kräfte und seelische Wirkung der Düfte zu. Sie stärken, geben Mut, wappnen gegen negative Gedanken, Situationen oder Menschen. Die Fichte ist für Hildegard von Bingen ein Heilbaum. Als weiblicher Baum besitzt die Fichte ihrer Meinung nach die Kraft, Krankheiten von den Menschen zu nehmen und sie gesunden zu lassen.

Den Bäumen wird auch in der Volksmedizin große Verehrung entgegengebracht. Bereits frühe Texte bergen einen bedeutsamen Wissensschatz über die heilenden Eigenschaften von Blättern, Nadeln, Blüten, Rinden, Harzen und Wurzeln. Aus ihnen wurden Salben, Tinkturen oder Tees hergestellt. Verbreitet waren auch Räucherungen aus getrockneten Holz- und Kräutermischungen, um die Raumluft zu klären oder Krankenzimmer zu reinigen. Die heutige Heilpflanzenkunde, Phyto- und Aromatherapie entwickelten sich aus der Überlieferung dieser Anwendungen. Vor Jahrhunderten war ihre Wirkweise nicht nachweisbar, heute kann die moderne Analytik sie im Labor wissenschaftlich bestätigen.

Waldluft tut gut. Ihre positive Wirkung beruht (auch) auf den von den Bäumen freigesetzten Düften und Inhaltsstoffen. Aromatherapie nutzt die wohltuenden Auswirkungen ätherischer Öle für Heilzwecke und zur allgemeinen Förderung des Wohlbefindens. Ohne heilpflanzenkundig zu sein, kannst du die positiven Wirkungen der Baumöle zu Hause nutzen. Ätherische Öle verbessern die Raumluft, klären den Geist und geben Kraft.

Die biochemische Zusammensetzung eines ätherischen Öls ist komplex. Zum Teil können Öle bis heute nicht vollständig entschlüsselt oder gar im Labor nachgebaut werden. Sie werden je nach Art aus Zweigen, Nadeln, Zapfen und Holzspänen durch Wasserdampfdestillation gewonnen. Die Öle unserer heimischen Nadelbäume sind reich an Monoterpenen. Sie bewirken seelische Ausgeglichenheit und Entspannung.

Voraussetzung ist immer die Verwendung reiner und qualitativ hochwertiger ätherischer Öle ohne jegliche Zusatzstoffe. Informiere dich ausführlich und sei dir bewusst, dass Qualität ihren Preis hat.

Suche dir auf einem Spaziergang schöne Stücke Rinde, Holz oder Zapfen und gib auf ihre offenporige Oberfläche ein bis zwei Tropfen eines ätherischen Öls. Lege das Holz auf deinen Schreibtisch oder in die Nähe deines Lieblingssitzplatzes. Beobachte die Wirkung des Duftes auf dein Wohlbefinden.

Nimm die Öle nur zum Beduften der Raumluft. Packt dich das Interesse, dann vertiefe dein Wissen mit guter Fachliteratur. Für weitergehende Heilwirkungen und die Anwendung am Körper lasse dich von ausgebildeten Aromatherapeuten beraten.

In Kürze hier einige Charakteristika der heimischen Nadelbäume:

Fichte
Der tiefgrüne, oft dunkle Fichtenwald duftet intensiv und herb. Dieser eher schwere Duft begegnet uns auch im ätherischen Öl und berührt uns unmittelbar. Fichtennadelöl wird in Heilmitteln gegen Erkältung und Grippe eingesetzt. Ihm werden antivirale, entzündungshemmende, antibakterielle und schleimlösende Eigenschaften zugesprochen. Sie machen die Nase frei und lassen wieder durchatmen. Der Duft der Fichte beruhigt, verlangsamt den Herzschlag und lässt den Stresspegel sinken.

Lärche
Die Lärche ist ein Lichtbaum und der einzige Nadelbaum, der im Spätherbst seine Nadeln abwirft. Lärchen gelten als heilig und glücksbringend. Das ätherische Öl duftet weich, fast lieblich. Es verbreitet gute Laune und unterstützt die Kreativität. Auf psychischer Ebene schenkt das Öl Gelassenheit in stressigen Zeiten und stärkt die Nerven.

Weißtanne
Weißtannen sind langsamwüchsig, hochgewachsen, im Aufbau klar strukturiert und elegant. Ihr Öl begleitet in Phasen der Neuorientierung und bei der Suche nach Ordnung. Der Duft schenkt Klarheit, entschleunigt die innere Uhr, bringt Abstand zu den alltäglichen Aufgaben und lässt die Unendlichkeit des Seins spüren. Er vertieft die Wahrnehmung und führt zurück zum eigenen Rhythmus.

Zirbelkiefer
Möbel aus Zirbelkiefer sind seit einigen Jahren in Mode. Das im Holz enthaltene Pinosylvin wirkt beruhigend auf den menschlichen Organismus. Der frische, klare, holzig-warme Duft des ätherischen Öls ist purer Waldzauber. Der hohe Monoterpengehalt reinigt die Raumluft, fördert die Konzentration und schenkt geruhsame Nächte. Das Öl stabilisiert die Psyche, schenkt Mut und Schutz.

SPANNKRAFT AUS INNERER STILLE

Ein Spaziergang im Winter führt uns die Klugheit der Natur vor Augen. Der Rhythmus der Jahreszeiten wechselt in steter Regelmäßigkeit zwischen Wachstum und Stillstand, zwischen Aktivität und Pause.

Kennst du den besonderen Moment, die ersten Fußabdrücke im frisch gefallenen Schnee zu hinterlassen? Wie selbstverständlich setzen wir bedächtig einen Fuß vor den anderen, stets darum bemüht, das Gleichgewicht nicht zu verlieren. Schnee zwingt zur Verlangsamung der Bewegung. Eine Erfahrung, die uns bekannt ist und doch gern in Vergessenheit gerät. Sobald der erste Schnee des Winters fällt, bricht mit wiederkehrender Wahrscheinlichkeit im Alltagsgeschehen Unruhe aus. Wir versuchen, das gewohnte Tempo aufrechtzuerhalten und scheitern daran. Schnell erkennen wir: Nur Einsicht und Umdenken führen zum Ziel. Für den Moment des Wintereinbruchs legt sich selbst in Großstädten die Hektik. Das Geschehen verlangsamt sich. In diesen Augenblicken fühlen wir die Kraft, die in der ruhigen Bewegung liegt. Mit dem ersten Schritt im Schnee greift der Körper auf sein inneres Wissen zurück. Intuitiv, ohne Beteiligung des logischen Denkens, verhalten wir uns genau richtig. Jedes Jahr aufs Neue.

Die Natur weiß um die positiven Kräfte von Verlangsamung und Reduktion. Pflanzen antworten auf Berührung mit Wachstumsverringerung. Sie nehmen taktile Reize wahr und reagieren entsprechend. Äußerst berührungsempfindlich sind die Blätter der Mimose. Für uns sichtbar falten sie sich bei Berührung rasch zusammen. Erst nach einiger Zeit öffnen sie sich wieder. Neue Berührung wiederholt den Vorgang. Die Pflanze kontrolliert den Wasserdruck der Zellen über ein elektrisches Signal, das die Bewegung der Blätter steuert.

Wechselnde Umweltfaktoren sind auch für Bäume belastend: Regen berührt alle Teile, Schnee lagert zeitweise auf den Zweigen, Äste reiben im Wind aneinander.

Bäume antworten auf mechanische Reize mit Wachstumsverzögerung. In Höhenlagen trotzen sie starken Winden, indem sie weniger Äste und kurze, dicke Stämme ausbilden. Das Holz dieser Bäume weist schmale Jahresringe auf, ist dicht und kompakt gewachsen, hoch elastisch und stabil.

Die Verringerung des Wachstums ist eine Anpassungsstrategie an die äußere Umgebung. Mit ihrer Hilfe übersteht der Baum vielfältige, oft gewaltsame Störungen. Auch in kalten Sommern, bei Trockenheit oder Schädlingsbefall wächst der Baum langsamer oder beendet vorzeitig sein Wachstum.

Wächst dieselbe Art in geschützter Lage, treibt sie zahlreiche Äste, wird hoch und schlank. Warme und feuchte Sommer begünstigen einen kräftigen Wuchs. Bis in den Spätherbst hinein bleibt der Baum aktiv. In die Höhe geschossene Bäume haben breite Jahresringe und großporige Zellen. Sie verschlechtern die Holzeigenschaften.

Instrumentenbauer erkennen bereits am Klang des Stammes die Qualität des Holzes und seine Eignung für das Musikinstrument. Jeder Baumstamm klingt anders. Selbst Stämme einer Art tönen verschieden. Schnellwüchsige Bäume haben dickwandige und kurzfaserige Zellwände. Sie verderben den Klang. Nur langsam gewachsenes Stammholz der Hochgebirgslagen verspricht den besten Klang des Instruments.

Den Turbulenzen der Umwelt mit Verringerung des Tempos zu begegnen, ist auch für uns eine geeignete Strategie: Hektik mit Langsamkeit beantworten, den Energiehaushalt schonen, rechtzeitig Kraft einsparen, dem Lauten das Leise gegenüberstellen, Stille suchen.

Stillstand ist ein Zustand, dem wir wenig Wert beimessen, weder in der Ökonomie noch in der persönlichen Entwicklung. Ruhe erscheint uns langweilig, Stille klingt eintönig und Innehalten deuten wir als Anflug von Unentschlossenheit.

Doch gerade ein Moment des Nichtstuns ist ein gesunder Leerlauf, der die Ideen wieder fließen lässt. Innere Stille meint einen freien Raum in unseren Gedanken, in unserem Handeln, einen Raum, den wir aus uns selbst schöpfen. In der Natur finden wir leichter zur Ruhe. Sie stellt keine Ansprüche. Es genügt, zu sein, in Aufmerksamkeit und Muße, mit offenen, staunenden Sinnen. Stoppt der Informationsfluss von außen, öffnen sich die Gedanken für unser inneres Wissen. Wie ein kostbarer Schatz steht es uns dann wieder zur Verfügung.

Auszeit.
Die Weite spüren.
Innen.
Außen.
In der Natur.

Stille hören

Hören ist sinnlich. Schenkst du dem Hören deine Aufmerksamkeit, bist du ohne Umschweife auf dem Weg der Achtsamkeit. Flüchtig verklingt das gesprochene Wort, der Gesang der Vögel im Morgengrauen, das Klopfen der Regentropfen auf dem Dach. Verpasst du den Moment des Hinhörens, erhältst du – ohne moderne Technik – keine zweite Chance.

Hören ist eine Momentaufnahme. Wir nehmen Laute wahr, die im nächsten Augenblick verschwunden sind. Manchmal bekommen wir Dinge zu hören, die wir erst später richtig verstehen. Hören lässt sich nicht beschleunigen, auch wenn das Tempo der gesprochenen Sprache zunimmt.

Geräusche ordnen wir ihrer Quelle zu und leiten daraus Informationen ab. Wir erkennen Menschen nicht nur an ihrer Stimme, sondern können aus dem Klang ihre Stimmung deuten. Passt das Gehörte nicht zum Sichtbaren, sind wir irritiert. In dieser Situation werden wir »hellhörig«, schenken dem Hören unsere Aufmerksamkeit. Beim alltäglichen Hören rauscht vieles an uns vorbei. Wir sind an Geräusche gewöhnt und nehmen diese nicht mehr bewusst wahr. Laute dringen nicht mehr in unser Bewusstsein vor. Hören wird gegenstandslos, beansprucht das Gehirn aber dennoch.

Alle Geräusche strömen immer unkontrolliert auf uns ein. Über das Ohr dringt die Welt ungefiltert bis in unser Inneres vor. Ob bewusst oder unbewusst wahrgenommen, leitet das Ohr alle akustischen Informationen an das Gehirn zur Verarbeitung weiter. Wir sind dem Hören schutzlos ausgeliefert. Die Ohren können wir nicht verschließen, im Gegensatz zu den Augen.

Wohnst du in der Stadt, bist du vielleicht einer steten Geräuschkulisse ausgesetzt, die selbst in der Nacht nicht abreißt. Lärm verursacht Stress. Er aktiviert das autonome Nervensystem, verändert Blutdruck, Herzfrequenz und Kreislauf. Obwohl du meinst, dich an die Unruhe gewöhnt zu haben, schüttet der Körper Stresshormone aus, die dauerhaft in den Stoffwechsel eingreifen.

Unsere Sinne brauchen Ruhezonen, auch die Ohren. Verringerst du die Lautmenge, die du aufnimmst, reduzieren sich die Reize, die dein Gehirn verarbeiten muss.

Stille zu hören ist fast eine Unmöglichkeit, nicht nur weil es Lautlosigkeit so selten gibt in unserem Leben. Sie ist auch schwer auszuhalten. Wir sind nicht (mehr) an Stille gewöhnt. Stille ist ein Sehnsuchtswort, und doch fällt es uns schwer, in Stille zu verweilen.

Beginne mit der verborgenen Stille, dem Moment der Ruhe zwischen den Worten, zwischen zwei Liedern, zwischen dem Weckerklingen und dem ersten Satz. Achte auf die Momente der Stille.

Nimm alle Geräusche in deinem Alltag bewusst wahr. Lausche ihrem Klang und der nachfolgenden Stille. Geräusch und Ruhemoment wechseln sich immer ab. Taste dich langsam an die Stille heran.

Zuhören und Stille gehören zusammen. Nur wenn du schweigst, kannst du deinem Gegenüber aufmerksam zuhören. Nimm im Gespräch eine achtsame Haltung ein und dehne den Moment der Stille aus.

Stille und Alleinsein sind untrennbar. Mit dir selbst zu sein schenkt dir den Raum, mit deinem Inneren in Dialog zu treten, deine innere Stille wieder zu hören, deinem Herzschlag zu lauschen.

Versuche, unnötige Geräusche zu unterbinden. Bewege dich mit Bedacht und Anmut. Manchmal poltern wir durchs Leben und verursachen dabei selbst zahlreiche Geräusche, die unnötig sind. Schließe alle Türen lautlos. Schleiche auf weichen Sohlen umher. Setze alle Gegenstände umsichtig ab. Schalte die Benachrichtigungstöne deines Smartphones aus. Schalte Hintergrundmusik ab. Werde selbst lautlos. Schaffe dir Zonen der Stille.

Gehe in den Wald. Hier fällt es dir leichter, ohne Ablenkung in Stille zu verweilen.

Naturtöne sind leise Töne.
Sie öffnen einen Raum zur Entfaltung.
Verbinde dich im Wald mit den Klängen der Natur.
Setze dich auf ein Moospolster,
lehne dich an einen Baumstamm
und schließe die Augen.
Bleibe dort so lange sitzen,
bis die Ruhe des Baums sich überträgt.
Bleibe geduldig. Sei nachsichtig mit dir.
Warte ab.
Verbinde dich mit der ruhenden Stabilität des Baums.
Verbinde dich mit der Stille des Waldes.

Momente der Stille sind Momente der Schönheit.
Lasse dich auf sie ein.

Und dann
fällt die Stille des Waldes
in dich hinein,
nimmt dich mit,
breitet sich aus,
besänftigt.

▶ *Sinnlich unterwegs:*
Hörspaziergang 9 auf der CD.

Anklang finden

Hast du bis hierher nur gelesen oder warst du bereits im Wald? Haben dich einige Impulse im Buch angesprochen? Nimmst du dir vor, öfter in den Wald zu gehen? Die Antworten und Entscheidungen formen sich im Kopf. Damit hast du den ersten Schritt getan. Bleibt jedoch das Gehen im Wald eine Pflichtaufgabe, die du versuchst, irgendwie in deine Alltagsroutine zu pressen, werden sich die Vorsätze bald verlieren.

Jede Veränderung einer Gewohnheit geht über den Kopf. Genau das macht es so schwer. Das Gehirn ist in seinen Entscheidungen schnell, bequem und stur.

Alle Gewohnheiten funktionieren nach dem gleichem Prinzip, unabhängig davon, ob es gute oder schlechte Gewohnheiten sind. Das Gehirn nimmt auf, gleicht ab, interpretiert und reagiert aufgrund von Erinnerungen, Mustern und abgespeicherten Konzepten. Immer dann, wenn das Muster passt, erfolgt eine unmittelbare Reaktion. Das Gehirn ist gar nicht mehr mit voller Leistung an der Suche nach einer anderen Möglichkeit beteiligt. Es folgt dem üblichen Automatismus. Die Entscheidungsfindung läuft unbewusst nach dem immer gleichen Schema ab. Weitere Teile des Gehirns ruhen sich aus. Der Kopf macht es sich leicht, strebt stets nach höchstmöglicher Effizienz und spart Energie ein.

Je länger wir eine Routine pflegen, desto tiefer verankert sie sich im Gehirn. Routinen erleichtern das Leben, indes behindern sie Veränderung.

Nachhaltigen Wandel wirst du nur bewirken, wenn du eine neue Gewohnheit im Gehirn manifestierst und dein Kopf das neue Muster für seine schnellen Entscheidungen speichert. Nur dann fällt es dir leicht, länger an einer Sache dranzubleiben. Arbeitest du lediglich mit einer willentlich herbeigeführten Absicht, kostet dich jedes Vorhaben stets neue Kraft und Energie. Mit der Zeit wächst die Gefahr des Aufgebens.

Leichtigkeit bringst du in dein Tun, wenn Herz und Seele der Sache verfallen sind.

Was bringt dein Inneres zum Klingen?
Was versetzt dich in Begeisterung?
Was entfacht Leidenschaft?
Aus welcher Kraftquelle des Waldes möchtest du schöpfen?
Wie möchtest du beginnen?

Es gibt kein Richtig oder Falsch. Es gibt nur den für dich richtigen, weil stimmigen Weg. Vielleicht tut sich dieser Weg sehr zügig auf, wenn du beginnst, mehr Natur in dein Leben zu holen. Vielleicht fragst du dich, warum du diesen Kraftort nicht bereits früher entdeckt hast. Viel wahrscheinlicher ist es, dass dein Gehirn seinen gewohnten Weg gehen, seine Bequemlichkeit weiter ausleben möchte und du immer wieder in alte Denkbahnen zurückfällst. Vermutlich kennst du deine persönlichen Ausreden am besten.

Erinnere dich: Dein Kopf ist schnell, bequem und stur.

Finde deinen eigenen Weg in den Wald,
nur so wird der Wald zu deinem Kraftort.

Bringe dein Inneres zum Klingen.

Suche einen Weg, der dich in Begeisterung versetzt.

Halte Ausschau nach einer Idee, die deine Leidenschaft entfacht.

Fange schrittweise und umsichtig an.
Nimm dir einmal in der Woche eine Stunde Zeit.

Suche dir einen Lieblingsplatz im Wald, an dem du dich wohlfühlst.

Folge zur Einstimmung einem der Hörspaziergänge.
Werde ruhig. Lausche der Stille.
Finde zurück in deinen Körper.
Höre auf deine innere Stimme.
Bleibe so lang, wie es dir guttut.

Komme wieder, wenn du den Wunsch danach verspürst.
Spüre den Zusammenhängen nach, in denen dich diese Auszeiten bereichern.

Begegnung mit der Natur
ist Begegnung mit dem Sein.

Komme wieder und bewege dich.
Komme wieder und lausche.
Komme wieder und schaue.
Komme wieder und atme.

Komme wieder.
Immer und immer wieder.

Bleibe offen in alle Richtungen.
Suche die Stille.
Spüre den inneren Anklang.
Gebe den Möglichkeiten Raum.
Finde Raum zum Abheben.
Öffne deine Sinne für die schwebende Fülle.
Schwebe selbst. Tauche ein und tanke Kraft.

Fehlt dir das Im-Wald-Sein,
ist der Wald in dir angekommen.

Dann gehst du in den Wald,
weil es dir guttut,

weil der Wald dich stärkt.
Dann hast du ein neues Muster verankert, das dein Gehirn annimmt.
Unbewusst baust du nun deine Entscheidungen darauf auf.
Dann fällt dir alles Weitere leicht.
Die Kraft des Waldes schwingt in dir
und schenkt dir eine nicht endende Fülle.

Abgetaucht
in Arbeit
fehlt dir
beim Auftauchen
der Duft
des Waldes.

ZUVERSICHT GEWINNEN

Unerwartet, an Spätwintertagen, schimmert es grün am Boden. Nicht das verwaschene Grau-Grün, das seit November die Farbskala im Laubwald bestimmt, sondern ein frisches Hellgrün. Moospolster gehören zu den Ersten, die ihren Stoffwechsel wieder ankurbeln und neues Chlorophyll bilden. Jene Farbstoffe, die die Zellen mithilfe von Sonnenlicht produzieren und den Pflanzen die grüne Farbe geben.

Richte bei einem Spaziergang im Februar den Blick aufmerksam auf den Waldboden. An einem sonnigen, milden Tag entdeckst du das grüne Leuchten zwischen dem braunen Laub des Vorjahrs. Es ist dieser erste, unerwartete Augenblick, der uns die Gewissheit gibt für das Wiedererwachen der Natur. Nicht mehr als eine Vorahnung des Frühlings, der noch vor Kurzem unerreichbar und fern schien.

Den Moosen folgen gelbe Sterne von Scharbockskraut, strubbelige Blüten von Huflattich, zarte Triebe von Leberblümchen und Lerchensporn. Später bedecken weiße Teppiche von Buschwindröschen den Boden im Buchenwald. Im Garten und auf den Wiesen im Stadtpark sprießen Schneeglöckchen, Narzissen und Krokusse. Sie alle haben nur eine sehr kurze Zeitspanne, um Nährstoffe für den Start in das Folgejahr zu produzieren.

Bereits nach zwei Monaten beenden Frühblüher ihre Vegetationszeit. Das Aufbrechen der Knospen an den Bäumen verringert den Lichteinfall am Boden und zwingt sie zu einer fast zehnmonatigen Pause.

Bäume lassen den kleinen Pflanzen am Boden den Vortritt, ehe sie selbst austreiben. Während die hohen Kronen noch kahl sind, schimmern auf Augenhöhe zartgrüne Blätter der Junggehölze im

Unterstand. Als Letzte entwickeln Altbäume ihr Laub und beschatten für den Rest des Jahres alle, die kleiner sind als sie.

Übergänge. Umbrüche. Veränderung. Leben ist stets im Wandel.

Das Erwachen der Natur ist jedes Jahr ein Wunder. Erst schrittweise und langsam, dann gleichsam einer Explosion blüht und grünt es überall. Scheinbar über alle Zweifel erhaben schenkt die Natur uns die Zuversicht, dass Neuanfang möglich ist. Jedes Jahr aufs Neue und ohne Sorge um das Kommende beginnt der Jahreszyklus von vorne. Selbst nach Katastrophen, wie Waldbrand oder Erdrutsch, legt sich nach einiger Zeit wieder ein grüner Schleier über den kargen Boden.

Frühling ist die Zeit des Aufbruchs. Vielleicht die beste Zeit für uns, sich auf Neues einzulassen. Die Natur lehrt uns, auf den Neuanfang zu vertrauen. Dunklen Wintertagen folgen lichte Tage, an denen das Grün erwacht.

Vertrauen wir auf das, was uns bisher gelungen ist, schöpfen wir daraus Kraft für Zukünftiges. Zuversicht hilft uns, Krisen zu bewältigen, hinter den negativen Momenten das Positive aufzuspüren. Zuversichtliche Menschen erleben sich seltener als Spielball des Schicksals. Sie glauben an ihren eigenen Einfluss und handeln aktiver als pessimistische Menschen.

Übe dich darin, zuversichtliche Gedanken zu kultivieren. Gedanken und Worte tragen eine schöpferische Kraft in sich. Sie bewirken etwas, im Inneren wie im Äußeren.

▶ *Sinnlich unterwegs:*
Hörspaziergang 2 auf der CD.

Lebensfreude

Hüpfen ist Lebensfreude.

Beobachte glückliche Kinder. Sie tollen herum, springen, laufen, hüpfen. Mache es ihnen nach. Hüpfe deine Wege.

Hüpfen ist gesund. Die Bewegung regt das Gehirn an, verbessert das Erinnerungsvermögen, trainiert Muskeln und Gelenke, schmiert die Bandscheiben, bringt Atmung und Kreislauf in Schwung, stimuliert den Lymphfluss, lässt das Herz vor Freude hüpfen.

Draußen hüpfen, Trampolin springen, Treppenstufen rauf und runter hopsen, das Springseil schwingen oder sich einfach nur so austoben. Probiere aus, was dir Freude macht!
Hüpfe aus purer Freude und nimm die gesundheitsfördernden Aspekte beiläufig mit.
Hüpfen wirbelt die Gedanken auf, macht frei und lebendig.
Es kann ein Zusammenhang zwischen Sinneswahrnehmung, Körperverhalten und emotionalem Wohlergehen nachgewiesen werden. Fröhliche Kinder hüpfen, und umgekehrt kann Hüpfen fröhlich stimmen. Probiere es in spannungsgeladener Zeit aus: Fluche kräftig und hüpfe dabei.
Oder bringe deine Energien zum Tanzen. Spannungen im Körper und auch negative Stimmungen blockieren den ungehinderten Fluss der Energien. Wähle eine schwungvolle Musik aus und tanze deine Energien frei. Stelle dich barfuß auf den Waldboden, breite die Arme aus wie zum Abheben und Fliegen, drehe dich im Kreis, schwinge mit der Musik, wiege dich im Takt, fühle die Schönheit deiner Bewegungen. Tanzen vertreibt negative Stimmung, verändert den Blick auf den Konflikt, entfaltet Lösungswege.

Probiere es aus. Bleibe offen für Veränderung. Sei bereit für Wunder.

Zuversichtlich warten

Wartezeiten sind eher unliebsame Lücken im getriebenen Alltag. Jedes Zeitloch wird ungeduldig gefüllt, mit dem Blick auf das Smartphone, der Kontrolle eingegangener Nachrichten. Kein Augenblick darf nutzlos verstreichen. Warten regt uns auf, verursacht Stress, ermüdet. Unbewusst wissen wir, dass sich der Lauf der Dinge nicht beschleunigen lässt. Nehmen wir diese Erkenntnis innerlich an, öffnet sich uns die Möglichkeit, zuversichtlich zu warten.

Hin und wieder die Perspektive wechseln, der Zeit des Wartens das Positive abringen, dem Moment eine besondere Qualität geben. Wartezeit ist zusätzlich geschenkte Zeit, die uns von anderen Zwängen befreit. Wir können nichts anderes tun als warten. Hegen wir dabei zuversichtliche Gedanken, bewirkt ihre schöpferische Kraft Veränderung, im Inneren wie im Äußeren.
Soziologen weisen einen Zusammenhang nach zwischen Wartenkönnen und Erfolg. Wer einer kurzfristigen Verlockung widersteht, also bewusst und aktiv warten kann, arbeitet langfristig ausdauernder an seinen Zielen und ist beruflich erfolgreicher.

Im sprachlichen Wortstamm heißt »warten« seine Aufmerksamkeit auf etwas lenken, standhalten und in Geduld vertrauen. Warten wird so zu einer aktiven Tätigkeit. Im Hier und Jetzt verharrend, richten wir den Blick hoffend in die Zukunft. Scheinbar nutzloses Warten wandelt sich in Vorfreude und zuversichtliches Erwarten.

Bändige deine Ungeduld mit zuversichtlichen Gedanken, wenn du das nächste Mal unerwartet ausgebremst wirst. Lange Schlange vor der Kasse, zu kurze Ampelphase, um voranzukommen, volles Wartezimmer, verspäteter Zug – atme tief ein. Lenke deine Aufmerksamkeit nach innen und beobachte nur deinen Atem.

Lerne zuversichtlich zu warten, denke an das hoffnungsfrohe Warten im Advent.

NACH-DENKEN

Darf ein Buch über Bäume die drängenden Fragen unserer Zeit aussparen? Globale Fragen zu Klimawandel, Umweltzerstörung oder Pandemie, lokale Fragen zu Hitzesommern, Wasserknappheit, Trockenschäden an Bäumen, Schädlingswellen, Absterben jahrhundertelang bewährter Baumarten und vieles mehr? Ja und nein.
Alles ist mit allem verbunden. Alles ist in allem. Wir sehen die Komplexität der Probleme, können aber die Folgen nicht immer einschätzen. Stets wirken unzählige Faktoren aufeinander ein. Manchmal sehen wir nur einen Teil der Wahrheit. Wir können uns nicht lossagen von den Veränderungen, die in der Natur und in der Welt auftreten. Wir sind nicht nur Teil der Natur, wir selbst sind Natur. Wir sind aber ebenso Teil der Probleme. Wir brauchen unterschiedliche Perspektiven, den umfassenden Blick.
Negative Nachrichten umgeben und beeinflussen uns täglich. Nur das Schöne hat eine Kraft, die uns inspiriert und vorantreibt. Konzentrieren wir uns auf das Schöne in der Natur, öffnen wir uns für die Zusammenhänge des Lebens. Erkennen wir die Vernetzung von Mensch und Baum, verstehen wir unsere Abhängigkeit von der Natur. Ohne Pflanzen als Sauerstoffproduzenten wäre kein Leben auf der Erde möglich. Dieser einzige Fakt sollte uns ausreichen, um den Erhalt von Bäumen als oberste Priorität einzustufen. Die Komplexität globaler und lokaler Veränderungen der Natur sollen hier nicht besprochen werden. Ziel ist es vielmehr, über das sinnliche Begreifen den eigenen Blick zu wandeln und (wieder) mehr Kontakt zur Natur zu finden. Wir sind Teil des Problems, aber wir können auch Teil der Lösung sein.

Stelle Fragen. Beobachte. Sei offen.
Suche nachhaltige Antworten.
Beginne gleich heute.
Gehe Schritt für Schritt.
Sei zuversichtlich.

IST DER WALD GEFÄHRLICH?

Wissen schützt vor Gefahr. Das gilt für alle Lebensbereiche, ob im Straßenverkehr, beim Schwimmen, Wandern oder Skifahren, stets sind wir mit bestimmten Gefahren konfrontiert. Wir lernen die Risiken und richten unser Verhalten danach aus. Nicht anders verhält es sich beim Aufenthalt im Wald. Das Quer-Wald-ein-Stromern gehört nicht zu den gefährlichsten Abenteuern unserer Zeit, zu unbedarft solltest du trotzdem nicht sein. In Deutschland besteht unter Einhaltung von Regeln ein Betretungsrecht für den Wald. Dabei hat der Waldbesitzer die Verantwortung, an Wegen und Erholungsschwerpunkten potenzielle Gefahren so gut wie möglich auszuräumen. Als Waldbesucher bist du aber immer für deine Gesundheit selbst verantwortlich und musst jederzeit mit waldtypischen Gefahren rechnen. Informiere dich über deine Rechte und Pflichten im Wald, im Internet z.B. bei der Schutzgemeinschaft Deutscher Wald (www.sdw.de).

Hier in Kürze die wichtigsten Waldgefahren, die du kennen solltest:

Zecken

- Zecken sind natürliche Waldbewohner. Sie haften an Gräsern, Farnen oder Unterseiten von Pflanzenblättern und lassen sich dort im Vorbeigehen abstreifen. Am Körper suchen sie sich eine geeignete Stelle und stechen mit ihren Mundwerkzeugen zu. Du spürst den Einstich erst deutlich später. Zecken sondern mit ihrem Speichel ein Betäubungsmittel ab, das die Einstichstelle zunächst schmerzunempfindlich macht. Zecken können die Krankheiten Borreliose und FSME (Frühsommer-Meningoenzephalitis) übertragen. Gegen FSME wird eine Impfung empfohlen. Borreliose lässt sich bei frühzeitigem Erkennen mit Antibiotika wirkungsvoll behandeln. Eine vorbeugende Impfmöglichkeit gibt es hier nicht. Jeder Zeckenbiss ist daher aufgrund der möglichen Krankheitsfolgen ernst zu nehmen.

- Informiere dich, ob du in einem Risikogebiet für Zecken lebst.

- Folgende Vorsichtsmaßnahmen zur Verringerung des Risikos werden empfohlen: Trage lange, geschlossene und helle Kleidung sowie feste Schuhe. Schütze dich durch abwehrende Mittel, die auf die Haut aufgetragen werden. Suche deine Haut nach einem Besuch in der Natur nach Zecken ab. Entferne eine Zecke möglichst bald mit einer Zeckenzange, Zeckenschlinge oder Zeckenkarte. Zecken vor dem Entfernen nicht mit Öl, Klebstoff oder Creme ersticken. Desinfiziere die Einstichstelle. Bei starker Rötung der Einstichstelle, sich verändernder Rötung (Wanderröte) oder Auftreten von grippeähnlichen Symptomen suche unverzüglich einen Arzt, eine Ärztin auf!

- Auch Haustiere werden von Zecken befallen und können an Borreliose erkranken. Schütze Hund oder Katze durch entsprechende Mittel und suche das Fell nach Zecken ab.

Wetter

- Gehe nicht bei Sturm oder Gewitter in den Wald. Bist du bereits unterwegs, verlasse den Wald so schnell wie möglich. Umstürzende Bäume können sehr gefährlich werden, auch noch Tage nach dem Sturm.

- Bäume sind aufgrund ihrer Höhe potenzielle Blitzableiter, besonders einzeln stehende Bäume sind zu meiden.

- Bei Wind besteht immer die Gefahr herabfallender Äste, Zweige oder Zapfen.

- Eisregen oder Nassschnee auf den Ästen sind sehr schwer und können zu Abbrüchen oder Umstürzen führen. Gehe bei diesen Wetterlagen nicht in den Wald.
- In trockenen Sommern wächst die Gefahr von Waldbränden. Infolge der Trockenheit steigt auch der Anteil an Totholz und somit wiederum die Gefahr herabstürzender Äste. Selbst Funken oder Zigarettenkippen können Waldbrände auslösen. In einigen Bundesländern besteht im Wald Rauchverbot.

Verhalte dich im Wald wie unter Freunden – rücksichtsvoll, achtsam, friedlich.

WEITER-DENKEN

Einmal eingetaucht in die Zusammenhänge von Mensch und Natur, lässt der Wald dich nicht mehr los. Jedes Thema für sich ist spannend und bereichert dein Leben. Möchtest du mehr erfahren, empfehle ich die nachstehenden und von mir zurate gezogenen Informations- und Inspirationsquellen:

- Arends, Isabel, BaumMedizin, Amerang 2019
- Arvey, Clemens G., Der Heilungscode der Natur, München 2016
- Berzbach, Frank, Die Form der Schönheit, Köln 2018
- Chamovitz, Daniel, Was Pflanzen wissen, München 2013
- Coccia, Emanuele, Die Wurzeln der Welt, München 2018
- Girod-Perrot, Ruth, Bewegungsimprovisation, Sankt Augustin 2017
- Herber, Sabine; Zimmermann, Eliane, Aromatherapie für Frauen, Oy-Mittelberg 2019
- Hofmann, Beate und Olaf, Einfach raus, Ostfildern 2016
- Hüther, Gerald; Quarch, Christoph, Rettet das Spiel, München 2016
- Kaiser, Martina, Der Jahreskreis, Bielefeld 2005
- Knapp, Nathalie, Der unendliche Augenblick, Hamburg 2015
- Knapp, Nathalie, Kompass neues Denken, Hamburg 2013
- Koechlin, Florianne (Hrsg.), Jenseits der Blattränder, Basel 2015
- Latritsch-Karlbauer, Andrea, Wer geht, gewinnt, Berlin 2014

- Levine, Robert, Eine Landkarte der Zeit, München 1997/2003
- Louv, Richard, Das Prinzip Natur, Weinheim/Basel 2011
- Meyer, Katrin, Weiss, Judith Elisabeth, Von Pflanzen und Menschen, Göttingen 2019
- Naughton, Carl, Neugier, Berlin 2016
- Quarch, Christoph, Das große Ja, München 2014
- Renz-Polster, Herbert, Hüther, Gerald, Wie Kinder heute wachsen, Weinheim/Basel 2013
- Rosa, Hartmut, Resonanz, Berlin 2016
- Schlagenwerth, Michaela, Nahaufnahme Sascha Waltz, Berlin 2008
- Soeder, Anja; Schmitz-Hübsch, Kilian; Janson, Alban (Hrsg.), Unerkannte Räume, Berlin 2015
- Trökes, Anna; Knothe, Bettina, Neuro-Yoga, München 2014
- Wohlleben, Peter, Das geheime Leben der Bäume, München 2015

DANKE

Dieses Buch ist für mich ein Wunder. Fast fünf Jahre liegen zwischen den ersten Textfragmenten und dem fertigen Buch. Die Entdeckungsreise beginnt auf verschlungenen und geheimen Pfaden. Sie lassen anfänglich nicht ahnen, ob sie je zu einem Ziel führen. Dem Wald vor meiner Haustür verdanke ich die Idee der Hörspaziergänge. Er ist für mich Kraftort und Resonanzraum.

Danke allen inspirierenden Menschen auf meinen privaten und beruflichen Wegen. Ihre Gedanken, ihr Blickwinkel, ihr Tun haben mich – bewusst oder unbewusst – bereichert und mir eine Schrittfolge der Choreografie geschenkt.

Danke Christine Vonderheid-Ebner für Optimismus und Zutrauen in das Projekt.
Danke Murielle Rousseau für das erfolgreiche Spinnen der Kontaktfäden zum Patmos Verlag.
Danke Ruth Langhans für ihre intuitive Musik, sie spiegelt lebendig den Klang der Worte.
Danke Ulrike Kriener für das einfühlsame Einlesen der Hörspaziergänge.

Danke dem kompetenten und herzlichen Team des Patmos Verlags für Vertrauen, Wertschätzung und Offenheit, ein Erstlingswerk zu publizieren. Danke für den mir überlassenen Freiraum und die mit Liebe zum Detail gestaltete Realisierung.
Danke Anja Hager für ihre Geduld und ihr umsichtiges Lektorat, das meine Texte in eine stimmige Komposition gelenkt hat.

Danke den mir wichtigsten Menschen meiner kleinen Familie. Wald hat uns zusammengeführt und verknüpft seitdem unsere gemeinsamen Lebenswege.

ÜBER DIE AUTORIN

© Privat, Fotografin: Annette Heinze, LichtBilder

Christine Bierschenk ist gelernte Landschaftsgärtnerin und hat in Osnabrück und Angers, Frankreich, Landschaftsarchitektur studiert. Heute gestaltet sie freiberuflich Spiellandschaften, Therapiegärten und grüne Orte im öffentlichen Raum – ein Lieblingsberuf mit stets neuen, kreativen Herausforderungen. Spaziergänge im Wald sind mehr und mehr Kraftgeber und Inspirationsquelle geworden. Sie lebt in der Nähe von Darmstadt und genießt den Odenwald fast direkt vor der Haustür.

ÜBER DIE MUSIKERIN

© Privat, Fotograf: Wolfgang Dürr

Die Pianistin Ruth Langhans kreiert seit 1999 persönliche Seelenmusik. Seit 2000 arbeitet sie zusammen mit Künstler*innen aus verschiedenen Kunstgattungen, wie Tanz, Performance, Theater und Malerei. Seit 2020 bietet sie Seelenmusik-Konzerte sowie individuelle Heil-Musik für aktuelle Anliegen und physische oder psychische Herausforderungen an.

Die Musik zu den Hörspaziergängen entstand entsprechend zum Thema intuitiv, als Improvisation.

ÜBER DIE SPRECHERIN

© Christian Schoppe, Hamburg

ULRIKE KRIENER gehört zu den beliebtesten Schauspielerinnen in Kino und Fernsehen. Die mit zahlreichen Preisen gewürdigte »Ausnahmeschauspielerin« hat in mehr als 120 Produktionen mitgewirkt. U.a. die Titelrolle im ZDFSamstagskrimi »Kommissarin Lucas« machte sie einem breiten Publikum bekannt. Sie engagiert sich ehrenamtlich u.a. in der Hospizarbeit der Malteser. »Kraftort Wald« ist für sie ein Herzensprojekt.

VERLAGSGRUPPE PATMOS

PATMOS
ESCHBACH
GRÜNEWALD
THORBECKE
SCHWABEN
VER SACRUM

Die Verlagsgruppe
mit Sinn für das Leben

MIX
Papier aus verantwortungsvollen Quellen
FSC
www.fsc.org
FSC® C014138

Klimaneutral
Druckprodukt
ClimatePartner.com/14549-2003-1001

Für die Verlagsgruppe Patmos ist Nachhaltigkeit ein wichtiger Maßstab ihres Handelns. Wir achten daher auf den Einsatz umweltschonender Ressourcen und Materialien.

Verlagsgruppe Patmos in der Schwabenverlag AG, Ostfildern
www.patmos.de

Umschlaggestaltung: Finken & Bumiller, Stuttgart
Umschlagabbildung: © Christine Bierschenk
Fotografien im Innenteil: © Christine Bierschenk
Gestaltung, Satz und Repro: Schwabenverlag AG, Ostfildern
Druck: Finidr s.r.o., Český Těšín
Hergestellt in der Tschechischen Republik
ISBN 978-3-8436-1296-8 (Print)
ISBN 978-3-8436-1310-1 (Audio-Download)